全国革命老区县发展史丛书·广东卷

广州市荔湾区革命老区发展史

广州市荔湾区革命老区发展史编委会　编

SPM 南方出版传媒·广东人民出版社
·广州·

图书在版编目（CIP）数据

广州市荔湾区革命老区发展史 / 广州市荔湾区革命老区发展史编委会编. —广州：广东人民出版社，2021.10
（全国革命老区县发展史丛书·广东卷）
ISBN 978-7-218-15069-7

Ⅰ. ①广…　Ⅱ. ①广…　Ⅲ. ①荔湾区—地方史　Ⅳ. ①K296.54

中国版本图书馆 CIP 数据核字（2021）第 115862 号

GUANGZHOU SHI LIWAN QU GEMING LAOQU FAZHANSHI
广州市荔湾区革命老区发展史

广州市荔湾区革命老区发展史编委会　编　　　版权所有　翻印必究

出 版 人：肖风华

策划统筹：陈海烈　夏素玲　谢　尚
责任编辑：易建鹏
装帧设计：张力平等
责任技编：吴彦斌　周星奎

出版发行：广东人民出版社
地　　址：广州市海珠区新港西路 204 号 2 号楼（邮政编码：510300）
电　　话：（020）85716809（总编室）
传　　真：（020）85716872
网　　址：http://www.gdpph.com
印　　刷：广州市浩诚印刷有限公司
开　　本：715mm×995mm　1/16
印　　张：15　插　页：12　字　数：235 千
版　　次：2021 年 10 月第 1 版
印　　次：2021 年 10 月第 1 次印刷
定　　价：62.00 元

微信扫描二维码　◀◀◀
您立即获得本书主要内容/
丛书介绍。

广东省编纂《革命老区县发展史》丛书
指导小组

组　长：陈开枝（广东省老区建设促进会会长）

副组长：林华景（广东省老区建设促进会常务副会长）

宋宗约（广东省农业农村厅二级巡视员、广东省老区建设促进会副会长）

刘文炎（广东省老区建设促进会副会长）

郑木胜（广东省老区建设促进会副会长）

姚泽源（广东省老区建设促进会副会长兼秘书长）

谭世勋（广东省老区建设促进会副会长）

廖纪坤（广东省农业农村厅总经济师）

办公室

主　任：姚泽源（兼）

副主任：韦　浩（广东省农业农村厅扶贫协作与老区建设处处长）

柯绍华（广东省老区建设促进会副秘书长）

伍依丽（广东省老区建设促进会副秘书长）

广州市编纂《革命老区县发展史》丛书
指导小组

组　　长：黄小晶（中共广州市委党史文献研究室主任）

副组长：胡巧利（中共广州市委党史文献研究室副主任）

成　　员：周艳红　李玉平　郑剑锋　姚士静　董泽国

《广州市荔湾区革命老区发展史》编纂委员会

主　　任：刘晨辉

执行主任：谭明鹤

副 主 任：黄德辉　黄洪飙　安建国

成　　员：张为桥　王福洲　刘家辉　尹　毅　黎　亮

　　　　　杨少忠　刘文峥　吴永祺　王　强　张学东

　　　　　唐瑞敏　梁福政　陈鸿钦

在举国欢庆新中国成立 70 周年前夕，中国老区建设促进会王健会长请我为《全国革命老区县发展史》丛书作序，作为一名在老区战斗过并得到老区人民生死相助的老兵，回首往事，心潮澎湃，感慨万千，深感义不容辞，欣然应允。

中国革命老区，是以毛泽东为代表的中国共产党人在领导人民推翻帝国主义、封建主义和官僚资本主义三座大山，争取民族独立和人民解放伟大斗争中建立的革命根据地，在这片红色的土地上，诞生了无数可歌可泣的革命英雄儿女，为后人树起了一座不朽的丰碑，她是新中国的摇篮，是党和军队的根。

在艰苦卓绝的战争年代，老区人民把自己的命运与中华民族的命运紧紧地联系在一起，与中国共产党和人民军队的命运紧紧地联系在一起，他们生死相依，患难与共。我曾亲历过战争年代，并得到过老区红哥红嫂的救助，切身感受到发生在身边的一幕幕撼天动地的革命故事，在那极其艰难的条件下，老区人民倾其所有、破家支前，不怕艰难困苦，不怕流血牺牲。"最后一碗米送去做军粮，最后一尺布送去做军装，最后一件老棉袄盖在担架上，最后一个亲骨肉送去上战场"，这是当时伟大的老区人民为建立新中国做出巨大牺牲的真实写照，它将永远镌刻在中国共产党、中国人民解放军、中华人民共和国的历史丰碑上。他们的光辉业绩永载史册，他们的革命精神必将影响一代又一代的革命新人，造就一代又一代的民族脊梁。

在社会主义革命和建设时期，革命老区和老区人民响应党的号召，面对落后的面貌、脆弱的经济、恶劣的生态环境，他们本色不变，精神不丢，自力更生，艰苦奋斗，干一行爱一行。始终坚持"革命理想高于天"，自觉做共产主义远大理想的坚定信仰者和忠实实践者，勇于向恶劣的自然环境和贫穷落后宣战，他们在各条战线上为国建功立业，用平凡的双手创造了一个又一个不平凡的奇迹，彰显了老区人的崇高精神和人格力量。

在改革开放的伟大进程中，老区人民解放思想，勇于创新，发奋图强，攻坚克难，老区的经济社会建设取得了辉煌成就。特别是在改变中国的面貌、中华民族的面貌、中国人民的面貌、中国共产党的面貌的伟大实践中发挥了至关重要的作用。老区人民既是改革开放的参与者，也是改革开放的推动者。

艰苦练意志，危难见精神。老区人民在近百年的革命战争、社会主义建设和改革开放的伟大实践中，孕育形成了伟大的老区精神：爱党信党、坚定不移的理想信念；舍生忘死、无私奉献的博大胸怀；不屈不挠、敢于胜利的英雄气概；自强不息、艰苦奋斗的顽强斗志；求真务实、开拓创新的科学态度；鱼水情深、生死相依的光荣传统。这是党和人民宝贵的精神财富、丰厚的政治资源，是凝心聚力、振奋民族精神的重要法宝，也是社会主义核心价值观的重要内容。

中国老区建设促进会怀着强烈的政治责任感和历史使命感，组织全国各地老促会人员克服困难，尽心竭力编纂《全国革命老区县发展史》丛书，记录老区的光辉历史和辉煌成就，传承红色基因，弘扬老区精神，是功在当代、利及千秋的一件大事。手捧这部丛书的部分书稿，读着书中的故事，倍感亲切，深感这部丛书具有资政、育人、存史的社会功能，有着重要的时代和历史价值。它是不忘初心、牢记使命的源头活水，是赞颂共产党、讴歌老区人民的一部精品力作，是弘扬老区精神、传承红色记忆的丰厚载体，是一项继承优秀传统文化、弘扬革命文化、发展社会主义先进文化，坚定"四个自信"的宏大文化工程。它必将成为一种文化品牌，为各界人士了解老区宣传老区支持老区提供一部有价值的研究史料。希望读者朋友们能从中了解并牢记这些为党和民族的利益不断奉献的老区人民，从中得到教益，汲取人生奋斗的精神动力。

新时代赋予新使命，新起点开启新征程。让我们更加紧密地团结在以习近平同志为核心的党中央周围，坚持以习近平新时代中国特色社会主义思想为指导，增强"四个意识"，坚定"四个自信"，做到"两个维护"，弘扬老区精神，铭记苦难辉煌。为实现"两个一百年"奋斗目标，实现中华民族伟大复兴的中国梦作出新的更大的贡献！

迟浩田

2019 年 4 月 11 日

2017 年 6 月，中国老区建设促进会组织全国各地老促会启动编纂《全国革命老区县发展史》丛书，按照"建立中国共产党、成立中华人民共和国、推进改革开放和中国特色社会主义事业"三大里程碑的历史脉络，系统书写革命老区百年历史，深入挖掘革命老区红色文化资源，这对于充实丰富中国革命史籍宝库、在新时代传承红色基因、弘扬革命精神、强固根本，对于激励人们在新的历史条件下夺取中国特色社会主义伟大胜利，实现中华民族伟大复兴的中国梦具有重要意义。

丛书编纂以习近平新时代中国特色社会主义思想为指导，以《中国共产党历史》《中国共产党的九十年》等重要文献为基本依据，以党的领导为核心，以老区人民为主体，以老区发展为主线，体现历史进程特征，突出时代发展特色，坚持辩证唯物主义和历史唯物主义相统一、历史真实性与内容可读性相统一的原则，书写革命老区从站起来、富起来到强起来的光辉革命史、不懈奋斗史、辉煌成就史，把老区人民的伟大贡献、伟大创造、伟大成就、伟大精神充分展示出来，形成一部具有厚重历史特征和鲜明时代特色的精品力作。这是一部培根铸魂、守正创新，既为历史立言，又为时代服务，字里行间流淌着红色血脉、催生着革命激情的传世之作。丛书的编纂出版将成为讴歌党讴歌人民讴歌时代、传播红色文化、为革命老区和老区人民树碑立传的重要载体。

　　丛书按照编年体与纪事本末体相结合、以编年体为主的编写体例确定框架结构；运用时经事纬、点面结合的方式记述史实；坚持人事结合、以事带人的原则处理人与事的关系；采取夹叙夹议、叙论结合以叙为主的方法展开内容。做到了史料与史论、历史与现实、政治与学术统一，文献性、学术性、知识性相兼容。

　　为编纂好《全国革命老区县发展史》丛书，打造红色文化品牌，中国老区建设促进会认真组织积极协调，提出政治立场鲜明、史料真实准确、思想论述深刻、历史维度厚重、时代特色突出、编写体例规范、篇目布局合理、审读把关严格、出版制作精良的编纂出版总要求，力求达到革命史籍精品的精神高度、思想深度、知识广度、语言力度，增强丛书的权威性和社会影响力。各省（区、市）、市（州、盟）、县（市、区、旗）老促会的同志，以强烈的使命感、责任感和紧迫感，勇于担当，积极作为，认真实施，组织由老促会成员、专家学者等参加的十余万人编纂队伍。编纂工作主体责任在县，省、市组织协调、有力指导、审读把关。各方面人员以高度负责的精神和科学严谨的态度，满腔热情地投入工作，为丛书编纂出版做出了重要贡献。丛书编纂工作还得到了党和国家有关部委、地方各级党委政府及有关部门的大力支持和积极参与，社会各界也给予了热情帮助。中共中央政治局原委员、中央军委原副主席、原国务委员兼国防部长迟浩田上将，对老区人民怀有深厚感情，对革命老区建设发展十分关注，欣然为《全国革命老区县发展史》丛书作总序。

　　丛书由总册和 1599 部分册（每个革命老区县编纂 1 部分册）组成，共 1600 册。鉴于丛书所记述的史实内容多、时间跨度长和编纂时间紧，不妥之处，敬请批评指正。

中国老区建设促进会

谢家祠，1924年8月15日，广州市郊第一区农民协会成立大会在此举行

广州沙面建筑群之苏联领事馆旧址

救亡日报社南迁广州旧址

石围塘火车站

广州市陈嘉庚纪念中学正门处耸立的国立第
二侨民师范纪念碑

"沙基惨案"纪念碑

大坦沙岛城市设计日景效果图（荔湾区规划资源局提供）

大坦沙岛核心区 TOD 地块（荔湾区规划资源局提供）

白天鹅引桥全景图

花地河北出口整治前后

花地河北出口整治前后

黄沙水产市场
项目效果图

广州国际医药
港和黄沙水产
市场项目效果
图（荔湾区规
划资源局提供）

位于荔湾区
恩宁路的李
小龙故居
（王誉臻摄）

荔湾区疾控中心成立党员应急先锋队，让党旗在抗疫一线高高飘扬（荔湾区卫生健康局提供）

荔枝湾涌一期竣工后

亮化后的沙面西堤建筑夜景

珠江大桥东桥全貌

广东美术馆、广东非物质文化遗产展示中心、广东文学馆"三馆合一"方案效果图（省文旅厅提供，华南理工大学在编方案）

沙面白天鹅宾馆夜景

沙面西洋建筑

西堤改造后的夜景

夜景穿越西关（王誉臻摄）

永庆坊（王誉臻摄）

永庆坊（王誉臻摄）

珠江大桥西桥全貌

康王中路

珠江隧道出入口

微信扫描二维码
您立即开展本书的
延伸阅读。

1

第一章

红色老区薪火传：荔湾区和革命老区概况

　　荔湾区陆地面积59.1平方千米，水陆面积62.4平方千米，东部与越秀区相连，西北部与白云区水陆相通，西部与佛山市南海区接壤。设22个行政街、191个社区，截至2017年底，常住人口95万，户籍人口73.59万。

　　被誉为"千年商都"的荔湾区是国家中心城市核心功能区，她既是广府文化的发祥地，也是近代中国红色革命策源地，自然资源、人文资源和红色资源极其丰富。

第一节 荔湾的建置沿革

2005 年 4 月 28 日，国务院批准撤销广州市芳村区，将原芳村区的行政区域划归荔湾区管辖。至 2020 年底，全区辖 22 个街道，分别是金花街、西村街、站前街、彩虹街、南源街、昌华街、沙面街、逢源街、龙津街、多宝街、华林街、岭南街、桥中街、白鹤洞街、冲口街、茶滘街、花地街、石围塘街、东漖街、东沙街、中南街、海龙街。

一、原荔湾的建置沿革

自秦代起，荔湾先后隶属番禺、南海等郡、县。1921 年，广州市政厅成立后，荔湾区被划入广州市区范围。抗日战争胜利后，国民政府把广州划分为 28 个行政区，荔湾区域内设长寿、西禅、逢源、黄沙、陈塘、沙面、西山、南岸等，太平区有部分地段属于今荔湾区地域范围。中华人民共和国成立后，辖区内行政区域经历多次调整。1950 年 6 月，逢源区与黄沙区合并，称荔湾区；西禅区并入长寿区；南岸区改为西村区；陈塘区并入太平区；沙面改为市直辖沙面办事处。1952 年 9 月，广州市第二次调整区划，长寿区、荔湾区及西村区的西村、泮塘、彩虹、小梅等合并成立西区。1958 年，珠江区的如意坊水上段办事处划归西区管辖。在 1960 年 6 月建立人民公社前，西区辖 13 个街道办事处：龙津、兴龙、金花、文安、带河、文昌、逢源、多宝、黄沙、荔湾、西村、小梅、南源。6月，原属中区的清平、岭南、秀丽、光扬、华林、宝华等街并入西区，成立9个人民公社：清平、岭南两街合并为清平人民公社，金花、兴龙和小梅街大部分合并成立金花人民公社，西村、南源和小梅街另外部分合并成立西村人民公社，逢源、多宝两街合并成立逢源人民公社，秀丽、光扬两街合并成立秀丽人民公社，龙津、文安两街合并成立龙津人民公社，文昌、带河两街合并成立文昌人民公社，黄沙、荔湾两街合并成立黄沙人民公社，华林、宝华两街合并成立华林人民公社。同时接管三元里人民公社的同德、横沙、沙凤、三沙、西郊五个大队和石井人民公社，组成西区石井人民公社和夏茅人民公社。8月，西区改称荔湾区。1961年8月，撤销人民公社，恢复为金花、兴龙、西村、南源、逢源、多宝、文昌、带河、龙津、文安、黄沙、昌华、华林、宝华、清平、岭南、秀丽和光扬等18个街道办事处。1964年4月，沙面街道的民政事务、劳动事务、居委工作，划归岭南街道办事处管理，而沙面街市政建设、市容卫生、园林绿化、房屋管理、交通管理仍由市人民委员会直属沙面办事处统一管理。同时，区辖内农村大队全部划归郊区管辖。1968年4月后，18个街先后成立革命委员会。1971年11月，沙面从岭南街分出成立革命委员会，荔湾共有19个革命委员会。1980年9月，撤销革命委员会，恢复街道办事处建制。1985年10月，成立彩虹街道办事处和环市西街道办事处，荔湾增至21个街道办事处。1987年7月，文昌街与带河街合并为文昌街道办事处。1992年，环市西街更名为站前街。1994年，街道撤并成12个，设金花街、西村街、站前街、彩虹街、南源街、昌华街、沙面街、逢源街（原逢源街、黄沙街合并）、龙津街（原龙津街和文安街合并）、多宝街（原多宝街、黄沙街合并）、华林街（原宝华街、华林街、秀丽街合并）、岭南街（原清平街、岭南街、光扬街合并）。2002 年 1 月，白云区大坦沙岛划入荔湾区，同年 3 月成立桥中街。至此荔湾共设有 13 个街道办事处。

二、原芳村的建置沿革

芳村地区在秦代以前是一片汪洋古海，只有些沙洲露出海面。秦汉时期逐渐形成冲积平原。北宋初期，芳村的大通镇是广州八大名镇之一，大通港为广州的一大港口。明清时期，芳村的花埭已成为旅游胜地。明洪武二年（1369）前，芳村地区属南海郡或番禺县，除石围塘地域外，到 1937 年芳村建置基本没有变动。

中华人民共和国成立后，芳村成为独立的市属行政区。1949—1985 年，芳村区经历三次建区、两次撤区。

1949 年 11 月 15 日，芳村、崇文两区合并为芳村区。1950 年 6 月，芳村区下辖一镇，镇公所由上市、中市两个街道办事处合并而来，镇下面有十多个乡村。1953 年，进一步调整为"八乡四镇"："八乡"即东漖、茶滘、沙涌、南滘、鹤洞、西塱、东塱、葵蓬，"四镇"即芳村、花地、山村、冲口。

1954 年 6 月 18 日，撤销芳村区，所属地区分为两部分，四个镇划入河南区（今海珠区），八个乡划入新滘区。

1957 年，广州市人民政府决定将白云、黄埔、新滘（含芳村在内）三个区合并成为广州市郊区。

1958 年，原属南海县的海南、海北、海中、龙溪、增滘、五眼桥、沙贝、横沙等地划归广州市，郊区进一步扩大。同年，人民公社化运动开展以后，原南海县之海龙围、五眼桥等地归鹤洞人民公社管辖，芳村地区由芳村镇及鹤洞人民公社两部分组成。

1960 年 5 月 23 日，成立芳村人民公社，包括芳村、花地、山村、冲口及原鹤洞人民公社，并成立花地、山村、协同和、广钢四个城市人民公社。同年 7 月，芳村人民公社改为芳村区。8 月，市委撤销市郊区建制。1962 年 5 月 11 日，再次撤销芳村区，划归市郊区。①。

1984 年 11 月 12 日，成立中共广州市委芳村区工作委员会和广州市人民政府芳村区办事处，分别作为市委和市政府的派出机构，负责筹建芳村区。1985 年 5 月，国务院正式批准设立广州市芳村区。

2005 年 4 月 28 日，国务院批准撤销广州市芳村区，将原芳村区的行政区域划归荔湾区管辖。

① 《建国后芳村建制沿革》，芳村区政协文史资料委员会编：《芳村文史》（第五辑），1994 年，第 5—8 页。

第二节 荔湾的区位优势

　　粤港澳大湾区以珠江为界，分为东西两岸，东岸是广深港澳科技走廊，西岸是珠江西岸六市一区（珠海、佛山、中山、江门、阳江、肇庆和顺德）先进装备制造业基地。荔湾正处于东西两岸的结合点，具有广佛之心、珠江西岸桥头堡的天然优势，综合功能辐射整个粤港澳大湾区。在广州各区当中，荔湾作为广州市中心城区之一，是广州唯一拥有"一江三岸、百里河涌"的行政区，良好的区位优势有利于市场资源的集中和人才的集聚，从而形成更加活跃的市场经济。荔湾是广州市乃至广佛都市圈城市资金流、信息流、物资流、人才流的汇集中心，城区运营成本、企业经营成本和市民生活成本合理。在建设粤港澳大湾区的时代背景下，作为大湾区三大增长极点的广佛联动核心，作为大湾区承东接西的坐标点，作为千年商都，荔湾正孕育着新的生机和希望。

一、荔湾的自然资源

　　荔湾区地处广州府城西门外，俗称西关，因"一湾溪水绿，两岸荔枝红"的美丽景致而得名，自然资源禀赋优越。珠江自西北向东南穿过荔湾区，北江、西江、东江三江汇聚于此。荔湾地势平坦且向南向西呈低落之势，大部分为低洼平原，多依自然沉积的沙洲和滩涂而成。西南部平均绝对高程6米左右，北部与南部高差 2 米左右。荔湾地处北回归线以南，属亚热带海洋性季风气候，距南海海岸 100 千米左右，海洋性气候特征明显，具有温暖多雨、日照充足、夏季长、霜期短等气候特征，全年水热同期，雨量充沛，利于植物生长。在水文资源方面，荔湾因受北江水系的影响，水位、流量、流速、水质均受潮汐影响。前汛期在每年清明节之后，白鹅潭水位逐渐高涨，春夏之间潮位最高。后汛期在夏秋之间，因多暴雨的气候特征，水位上涨，直至 10 月开始回落。荔湾区北片内原有河流以珠江为主干，汇北江、流溪河灌流全区；南片地域三面环水，河涌多。

二、荔湾的交通资源

荔湾面向珠三角经济圈腹地，具有"承东启西、贯通南北"的天然区位优势。北有机场高速直达白云机场，内环路直达广州火车站；南有东新高速、广珠西线高速，与广州南站、南沙自贸区、珠江西岸先进装备制造产业带等区域快速连接；西有广佛路、广佛放射线、穗盐路、龙溪大道连通佛山南海；东有洲头咀隧道、鹤洞桥、南环高速连接海珠。

荔湾是粤港澳大湾区的综合交通中心，15 分钟可达广州南站，30 分钟可达广州白云国际机场，50 分钟可达南沙港码头。

轨道交通方面，已建成的地铁线路有 1、5、6、8 号线及广佛线，10、11、19 号线正在规划建设。广佛肇城际线、广佛江珠、广珠城际北延线 3 条城际轻轨贯穿其中。区内道路系统方面，南北两个片区道路交通路网日趋完善，北片区东风西路，中山七、八路横跨东西，人民路、康王路、荔湾路、黄沙大道贯穿南北。南片区花蕾路、龙溪大道、鹤洞路、花地大道南、芳村大道西贯通东西，花地大道、芳村大道南、东沙大道沟通南北，形成立体交通网络。区内有滘口与芳村两大一级客运站，作为区域性交通枢纽设施的重要组成部分，发挥了重要作用。滘口汽车站与地铁5号线接驳，芳村客运站与地铁1号线接驳，实现公路客运、城际公交、市内公交、轨道交通等多种交通工具无缝衔接、换乘，充分体现汽车客运"以人为本"的现代发展理念。

货运方面，荔湾首先有荔湾区最古老的火车站——石围塘火车站，它是羊城铁路的卸车大户，其中广三铁路作为连接广州与佛山的火车货运通道，与西江、北江航运相接，使珠江三角洲周边城市的产品得以经销到全国乃至海外。其次，荔湾辖内的广州西站也由客运转为货运。

水运方面，因荔湾三面环水，水上运输优势非常明显，通过珠江水系可达广东省东、西、南、北腹地和珠江三角洲河网地带多个港口，经珠江口可航运至世界多地，是外贸进出口和国际集装箱装卸的重要口岸。不仅有黄沙码头、芳村码头、西堤码头、广中码头、联合围码头、永兴街码头等珠江轮渡码头，还有较大型的货运码头，其中广州港务局新风作业区负责经营的黄沙、如意坊（新风）货运码头，是水路、铁路、公路的交汇点。荔湾外通大洋，内航各地，水陆交通畅达。

在粤港澳大湾区范围，荔湾以白鹅潭连通珠江前后航道和西江、北江，南下连接港澳，依托快速交通网络、港口群和机场群，荔湾将实现与湾区兄弟城市1.5小时的连接。一些久攻不下的交通难题取得突破性进展，通向广州南站的关键通道——芳村大道南的快捷化改造顺利完工；通向白云国际机场的城市咽喉——康王路下穿流花湖隧道工程，荔湾北出口拆迁工作迎刃而解。一个"外联、内畅、片区活"的中心城区交通格局正在形成。

荔湾的历史文化

荔湾自古风物荟萃、名胜云集，很早就成为对外贸易和中外文化活跃之地，被誉为"广州作为海上丝绸之路的发祥地、岭南文化的中心地、中国革命的策源地和中国改革开放的前沿地"的缩影和窗口。在漫漫的岁月长河中，荔湾人民创造了不平凡的历史，留下了宝贵而丰富的历史文化资源。

秦始皇统一六国后，在岭南设置郡县，荔湾隶属南海郡番禺县。秦末爆发农民起义，朝廷无力南顾，趁此机会，赵佗于公元前204年正式建立南越国，定都番禺（今广州）。汉高祖十一年（前196），南越国成为汉朝的藩属国。荔湾形成城区也是这一年。至秦汉以来，荔湾历史文化的发展绵延不断。有石碑记载，隋朝在今荔湾的下西关处已有街道形成。五代十国时期，南汉高祖刘龑在今天的荔湾泮塘附近建昌华苑。北宋皇祐四年（1052），在龙津西路旧泮塘乡内建起了一座仁威庙。到明朝，荔湾建起了城市主要防御设施——西门瓮城，为招待海外贡使，朝廷还设立了怀远驿。到清代，清政府在荔湾设立了一口通商的十三行。民国广州建市时期，民国政府拆除了西门一带城墙，荔湾正式与广州市中心连成一片。新中国成立后，特别是改革开放后，荔湾在发展的道路上蹄疾步稳，今天的荔湾正以打造"湾区门户、广州名片、产业高地、现代商都"、加快建设具有独特魅力和发展活力的国际大都市现代化中心城区为目标，不断砥砺前行。

从历史中走来的荔湾浓缩了禅宗达摩的"西来初地"、明代海外贸易管理机构怀远驿、岭南建筑艺术宝库陈家祠、清代垄断对外贸易的十三行、中国第一家五星级酒店白天鹅宾馆等广州标志性的文化空间，汇聚了骑楼街、西关大屋、粤剧、泮塘美食，走出变法维新的康有为、中国铁路之父詹天佑、著名革命活动家何香凝、粤剧名伶红线女、功夫巨星李小龙等文化名人。荔湾历史悠久，人文荟萃，人杰地灵，成为广州人最为深远的文化记忆。荔湾是广州传统历史文化风貌保存最集中最完整的区之一，沉淀累积了建筑、饮食、民俗、商贸、曲艺、园林、禅宗、中医、书画和工艺等十大特色文化，是广州历史文化街区最多、历史建筑最多、非物质文化遗产最多的城区。

一、商贸文化

荔湾是海上丝绸之路的起点，商贸文化发达。早在宋代，西村古窑出土的陶瓷就远销今菲律宾、马来西亚、印度尼西亚、新加坡和日本等地，是外贸商品重要的货源地。明朝永乐三年（1405），政府在广州设怀远驿，以招待海外贡使。怀远驿设在今荔湾十八甫路，有房屋120间。官府规定，朝贡的物品，都要在此处抽分，然后交由牙行①招商发卖。怀远驿的设立，是荔湾商业发展的一个标志性事件，奠定了西关在中国对外贸易的龙头地位。

乾隆二十二年（1757），乾隆皇帝宣布撤销浙江、福建等地的海关，仅留广东的粤海关一口对外通商。作为粤海关属下的中外交易场所，广州十三行成为清政府指定的专营对外贸易的垄断机构，中国与世界的贸易全部聚集于此。直至鸦片战争为止，十

---

① 牙行是旧时为买卖双方说合交易并抽取佣金的商行。

三行独揽中国外贸长达 85 年。到鸦片战争前十三行上交的税银突破 180 万两，上交的税银中有一部分作为皇室的经费开支，通过粤海关输送宫中，所以十三行被誉为"金山珠海，天子南库"。十三行存续将近两个世纪，是中西方贸易的中介及桥梁，在中国海上丝绸之路中占据重要地位。借助自身得天独厚的地理条件和"一口通商"政策，荔湾迅速成为广州的贸易中心。第二次鸦片战争爆发，广州被英法联军攻陷，十三行在战争中被焚毁，结束了长期垄断中外贸易的历史。

民国时期，荔湾地区出现不少经营进出口贸易的商号，但由于民族工业的落后，大量洋货充斥市场。能出口东南亚的产品也大都是汗衫、药材和拉链等国内产品。

改革开放后，荔湾出现了全国著名的清平市场。为促进外向型经济发展，1981 年荔湾开始引进"三来一补"① 企业，1984 年开始引进"三资"企业②。1987 年，荔湾区成立广州经济发展公司荔湾分公司，并在香港设立越荔企业有限公司，经营进出口业务，开拓海外营销渠道。1980—1990 年，荔湾区全区出口总值达到 2.34 亿元。20 世纪 90 年代，荔湾区委、区政府明确提出经济发展思路：扬长避短，充分发挥荔湾区商业悠久繁荣的优势，突出重点，努力把荔湾区建设成为"现代化商贸旅游区"。1990—2000 年，荔湾出现了多个专业市场，如黄沙水产品市场、站西鞋业批发市场、十三行路服装针织市场，南岸装饰材料市场、电子电器市场、谊园文具玩具批发市场和五金市场。荔湾在这个时期还办起了一些特色商业街，比较出名的有上下九步行街、华林玉

---

① "三来一补"，指来料加工、来件装配、来样定造和补偿贸易。

② "三资"企业，指中外合资经营企业、中外合作经营企业和外商独资经营企业。

器街和西关古玩城。1991—2000 年，荔湾区全区出口总值 3.45 亿元。到"十三五"期间（2016—2020 年），荔湾以建成"广佛之心、西部枢纽"为目标，重点突出"通达世界的现代商贸中心"功能，依托上下九、十三行、华林玉器等商业名片和茶叶、花卉、水产品等专业市场龙头，激活复兴传统商贸魅力。全区有专业市场 233 个，年成交额超过 1 亿元的有 31 个，年成交额超过 10 亿元的有 4 个，涵盖 18 个商品类别，行业结构齐全，茶叶、鞋类、服装、中药材、玉器、珠宝、花卉、饰品、文具、塑料等居全国领先地位。荔湾正多措并举提升传统产业，大力发展"网红经济"和"夜间经济"，培育电子商务、直播带货等消费新业态新模式，加快推进专业批发市场转型升级，引导市场经营主体向企业转型，推动专业批发市场向展贸化、规范化、高端化发展。

站在实现"两个一百年"奋斗目标的历史交汇点，站在加快形成以国内大循环为主体、国内国际双循环相互促进的新发展格局大背景下，荔湾以大招商、大建设推动荔湾大发展，精心培育广东塑料交易所、唯品会等商贸新业态和现代交易方式，推动岭南电商产业园、国际医药港等商贸载体向全球招商，举全区之力打造高质量发展核心引擎，以广州中心城区西翼 CBD（核心商务区）的格局和层次，高标准推动白鹅潭商务区开发建设，吸引高端企业总部集聚。与广州东部实现协调发展、错位发展，形成东西两端、比翼齐飞的发展格局。在传统商贸名片和现代商贸新业态交融辉映下，荔湾将逐步建成通达世界的商贸中心。2011—2017 年，荔湾区出口总值达到 179.79 亿元。荔湾承袭了十三行以来的商贸传统，商贸繁华，老字号众多，被誉为"百货之肆"，是名副其实的千年商都。

二、建筑文化

荔湾建筑有较高的艺术价值、历史价值及学术价值。其建筑文化由三个层次组成。

第一个层次是自 917 年南汉立国以来，形成的具有皇家风范的系列建筑群，如南汉的昌华苑、华林园等。南汉兴建昌华苑作为皇家花园，供皇帝游览、玩乐、憩息。据史载，南汉时建的宫室、殿宇，其栋梁、帘幕均用珍珠、云母及金银做装饰。这些园林集岭南园林建筑、装饰艺术于一体，雍容典雅。海山仙馆是著名行商潘仕成于道光年间在今荔湾湖一带修筑的，面积有数百亩，也是典型的岭南艺术园林建筑。荔湾的陈家祠、荔湾湖、泮溪酒家等都继承了这种建筑风格和特色。

第二个层次是代表西关特色的民宅建筑——西关大屋、骑楼等。西关大屋是清末民初豪门富商在西关一带兴建的极富岭南特色的传统民居，基本上是坐北朝南，砖木结构，其平面布局是在传统广州民居的基础上吸收苏州园林厅堂布局演变而成。三间两廊、左右对称，前厅房、后庭院，中间为厅堂。西关大屋门面装修精致，设矮脚吊扇门、趟栊、硬木大门，通风安全。室内装饰精美，有"苏州样，广州匠"的说法，室内装修采用了工艺精湛、风格独特的木雕、石雕、砖雕、陶塑、灰塑、壁画、石景、琉璃通花、铁通花、蚀刻彩色玻璃等民间传统工艺，极富岭南韵味。西关大屋内的陈设也十分精致，有红木家具、古董字画及珍贵的艺术品。西关大屋第一代主人大都是豪门大族，但到第二代、第三代就没落了，西关大屋逐渐成为混杂在普通民居中间的一种民宅。西关大屋是岭南传统民居建筑的瑰宝，已从清末民初鼎盛时期的 800 多间变成现存数量不到 100 间，比较著名的西关大屋有坐落于宝源北街 18 号的梁资政第、坐落于多宝路的邓宫保第以及坐落于宝华路正中约的钟家花园等，现在广州市政府已经划定了西关大屋保护区以便对其进行修缮和保护。

第三个层次是中西建筑文化结晶。第二次鸦片战争后，英法两国强迫清政府签订《沙面租界条约》。至 20 世纪初，先后有十几个国家在沙面建领事馆，盖了 160 多幢楼房，形成了现在的沙面建筑群。19 世纪末在欧洲出现的各种建筑流派，在沙面几乎可以找到相近的建筑，沙面堪称欧洲建筑小型博物馆。沙面大街 46 号的万国宝通银行旧址、49 号的渣打银行旧址等具有欧洲古典主义风致，建筑上强调稳定结构和纯洁、肃穆、严谨的风格；沙面北街 65 号的三菱银行旧址、万国医院大楼旧址具有巴洛克艺术风范，强调宏伟、生动、华丽；沙面大街 54 号的汇丰银行、亚细亚火油公司旧址属新古典主义风格，简单、朴素，又不失庄严凝重；沙面南街 42 号的沙逊洋行、法国传教社楼、葡萄牙领事馆旧址等是具有维多利亚风格的建筑，华丽典雅、富丽堂皇。沙面的建筑，还有新巴洛克式、乔治王朝式、哥特式、浪漫主义和现代主义等不同风格。

沙面建筑大多出自外国设计师之手，但近百年来，不少中国有为青年负笈海外，回国后在他们的建筑设计中，大量引入欧洲建筑元素，与中国传统建筑相结合，开创 20 世纪初岭南建筑的一带风气。比较有代表性的是塔影楼、真光书院等。塔影楼为四层西式洋房，以西式为主，顶层为中式四檐滴水，在珠港之夜有如灯塔伫立在珠江岸边。1921 年 5 月，孙中山就任非常大总统时，曾到塔影楼探望楼主陈少白。真光书院则是以中式为主、西式为辅的建筑。真光书院里的真光堂红墙绿瓦，重檐歇山顶，充满中国传统韵味，但它的外廊、走廊等也可以看出很多西式建筑元素，两者在这里浑然一体，相得益彰。在荔湾像这种中西合璧的建筑还有陈廉伯、陈廉仲公馆等。

骑楼是中西合璧的一种民居。1889 年，两广总督张之洞参考香港的经验，建议在广州兴建类似骑楼的"铺廊"。1911 年辛亥革命后，广州成立军政府，颁布《广东省城警察厅现行取缔建筑章程及施行细则》，提出要建造骑楼。到 1923 年，广州市建成了近 40 千米长的骑楼街，建筑风格多种多样，有仿哥特式、南洋式，有复古的也有现代的；装饰风格也是五花八门，几乎西方建筑的所有元素在骑楼都可以找到，它也融入很多中国传统建筑的元素，中西合璧浑然一体。虽然建筑风格和装饰式样繁多，然而骑楼建筑结构基本都是由楼顶、楼身、楼底三部分组成。上下九的骑楼街，以及第十甫路、恩宁路一带，是目前骑楼建筑保护最完好的地区。永庆坊是最有代表性的民国年间的历史文化街区。在永庆坊周边，分布广州最长、最完整的骑楼等历史文化建筑群。

2018 年 10 月 24 日下午，习近平总书记考察了广州市荔湾区西关历史文化街区永庆坊，他沿街察看了旧城改造、历史文化建筑修缮保护情况。习近平总书记在粤剧艺术博物馆听取了广州市城市规划建设管理工作情况汇报后指出，城市规划和建设要高度重视历史文化保护，不急功近利，不大拆大建。要突出地方特色，注重人居环境改善，更多采用微改造这种"绣花"功夫，注重文明传承、文化延续。当前，荔湾正在贯彻习近平总书记重要指示精神，按照中共广州市委对荔湾提出的建设岭南文化中心核心区定位，传承好历史文化，加快建设大湾区文化交流创新中心，担当起大湾区文化认同新使命。

三、非物质文化遗产

荔湾区非物质文化遗产资源丰富，有非遗项目 38 项，主要代表为粤剧粤曲、"三雕一彩一绣"、中西医药等，非遗传承人 65 名，数量在广州市排在前列。

（一）粤剧粤曲

粤剧被周恩来誉为"南国红豆"，她是中国最先走向世界的剧种，是岭南文化的第一名片。粤剧名列 2006 年 5 月 20 日公布的第一批 518 项国家级非物质文化遗产名录之内。2009 年 9 月 30 日，粤剧获联合国教科文组织肯定，列入人类非物质文化遗产代表作名录。

荔湾是粤剧的发祥地之一。清光绪十五年（1889），粤剧艺人在荔湾黄沙建起八和会馆，取"八方和翕"之意。到清末民初，荔湾有很多专门培训粤剧艺徒的机构，多设在八和会馆附近（今清平路、珠玑路、丛桂路一带），包含童子班、教戏班等。新中国成立后，广州大多数粤剧团设址在荔湾，比如乐善戏院，是西关最大的戏院，还有宝华戏院、平安戏院等。20 世纪初至 60 年代中期，粤剧人士云集荔湾，著名的有"伶圣"千里驹、"小生王"白驹荣、"马派"创始人马师曾、"红腔"创始人红线女等。这些粤剧名家辛勤耕耘于荔湾这片沃土，在荔湾区的文化史上留下灿烂的一页。目前粤剧在荔湾的国家级传承人是唐沛文。为弘扬粤剧艺术，荔湾建成了粤剧艺术博物馆，2016 年 6 月对外开放。博物馆总占地面积 1.72 万平方米，建筑面积 2.17 万平方米，是一座具有岭南风格、水乡特色的中国园林式博物馆。通过展板展示、展品陈列、模型复制、场景复原、体感互动、触摸屏等多种形式，集中展现粤剧的发展历程、艺术特色、组织结构及在海内外的重要影响力。

粤曲是广州方言演唱的曲艺品种，2011 年被国务院列入第三批国家级非物质文化遗产名录。荔湾区在粤剧曲艺发展史上有重要地位，2003 年获"中国曲艺之乡"称号，2019 年获"中国民间文化艺术之乡（粤曲）"。荔湾区有粤剧曲艺私伙局 78 个，业余爱好者近 3000 人，有国家级粤曲传承人黄少梅和省级传承人陈玲玉等。2019 年 10 月，广东省粤剧粤曲文化生态保护实验区在荔湾挂牌，荔湾区将深入挖掘恩宁路、荔枝湾涌一带粤剧粤曲，打造荔湾"粤剧大观园"，营造浓厚的粤剧粤曲"原生态"环境，力争把岭南传统艺术向全国各地及海外传播辐射。

（二）"三雕一彩一绣"

"三雕一彩一绣"是指在荔湾有代表性的五种民间传统手工艺品：牙雕、玉雕、木雕、广彩、广绣。

1. 牙雕

荔湾牙雕，又称南派牙雕，原本是以象牙为原材料进行雕刻的民间传统手工技艺，以独特的镂空、透深的雕刻技法闻名于世。荔湾牙雕，按种类可分为摆设品、配饰品和实用品三大类。荔湾牙雕始自秦汉，盛于明清，到清末象牙球镂空层已达25层。新中国成立以来，牙雕工艺得到很大发展，象牙球镂空层发展到60层。20世纪80年代开始，象牙贸易受到限制，荔湾牙雕从业人员拓展思路，把视野聚焦于猛犸象牙、河马牙和骨雕等，使牙雕工艺得以延续。2006年，广州牙雕入选国家级非物质文化遗产名录，由传承人张明辉经营的荔湾区花城博雅工艺厂也是牙雕的传承基地。

2. 玉雕

广州玉雕工艺历史悠久，新石器时代的遗址中就发现了完整的玉环，至今已有4000多年的历史。南越王墓出土的玉器多达244件（套）。荔湾玉雕保持了原玉的天然色彩，以造型典雅秀丽、轻灵飘逸、玲珑剔透见长，突出了岭南文化的内蕴；其花色品种繁多，技艺深厚，雕法细腻，追求创新，烙下了岭南先民审美情趣的印记，也记录了近百年来中西文化的交融，具有重要的历史、文化、艺术、工艺和经济价值。近代以来，荔湾区成为玉器重要的交易中心。长寿路玉器街有400多年的历史，华林玉器批发市场是国内最大的玉器批发市场之一，玉器从业人员众多。广州玉雕2008年入选第二批国家级非物质文化遗产名录，目前荔湾区有省级传承人刘志华、尹志强。

3. 木雕

荔湾木雕在明代兴起，清代最负盛名。清代雍正、乾隆年间，一批广州木雕艺人被皇帝召入宫制作御用硬木家具，世称"广木作"。广木作与京木作、苏木作并列为中国家具三大流派。广木作木雕主要用料是紫檀木、酸枝木、樟木、坤甸木、柚木、花梨木等，制成品包括红木雕刻家具、樟木箱、红木小件、红木宫灯、建筑装饰木雕等。广州荔湾的木雕注重具体形象的雕刻，讲究繁复而精细的装饰性，注重保留木料的天然纹理，打磨光滑，漆色明亮，配合各种形象，形成天然与人工相结合的木雕风致。广州木雕是市级非遗项目，该项目的保护单位是荔湾区文化馆，目前省级传承人是唐锦全。

4. 广彩

广彩是广州特有的釉上彩瓷艺术的简称，至今有 300 多年的历史。广彩以构图紧密、色彩浓艳为特色。广彩始于明代（三彩），到清代发展至五彩，在乾隆年间逐步形成独特的艺术风格。清末民初，广彩吸收传统工艺和欧美艺术精华，高剑父、陈树人等岭南画派大师参与广彩创作，留下了一批广彩精品。在荔湾区委、区政府的支持下，广彩得到了传承和发展，成为国家级非遗项目。广州织金彩瓷厂位于荔湾区，有国家级传承人 1 人、省级传承人 3 人、市级传承人 3 人，从业技师 300 多人。

5. 广绣

广绣是珠三角民间刺绣工艺的总称，以构图饱满、形象传神、纹理清晰、色泽富丽、针法多样、善于变化的艺术特色而闻名。广绣与潮州刺绣合称粤绣，与湘绣、蜀绣和苏绣并称中国四大名绣。广绣最早的文字记载可上溯至唐永贞元年（805），宋代广绣工艺品日臻成熟。明正德九年（1514），葡萄牙人在广州购得龙袍绣片回国，得国王奖赏，广绣扬名海外。清代广绣进入鼎盛时期，广州成立了历史上第一个刺绣行会——锦绣行。鸦片战争后，广绣开始衰落。新中国成立后，广绣业复苏，成立了一些刺绣社。始建于清雍正元年（1723）的锦纶会馆，位于康王南路 289 号，是旧广州纺织业（即锦纶行）的老板们聚会议事的场所，见证了中国资本主义的萌芽，是广州唯一幸存的行业会馆。广绣是国家级非遗项目，现拥有代表性传承人 4 人、从业者数十人，其中陈少芳是国家级广绣传承人。目前广绣项目的保护单位是广州市鹏喜工艺品公司。

（三）饮食文化

"食在广州，味在西关，源自泮塘"。汉时荔湾一带生产的荔枝成为上贡皇帝的贡品。南汉后主在昌华苑大摆"红云宴"。明末清初，随着荔湾商贸中心地位的确立，区内饮食业也兴旺起来，名菜美点层出不穷，形成了"款式新颖、味求隽永、清爽香脆、浓郁鲜美"的饮食特点和广州人"三茶两饭一宵夜"的饮食习惯。到清末民初，西关饮食业在兼收并蓄中继承发展，产生了一大批极富风味的美点、小食。荔湾饮食有"早、多、美"的特点。"早"是指荔湾的茶楼、酒家、特色风味饮食开办得早，有莲香楼、陶陶居等百年老字号。"多"是指荔湾食肆、名店多，包括"食在广州第一家"的广州酒家，享有"广州第一鸡"美誉的清平饭店，全国第一家被接纳为"世界一流酒店组织"成员、第一家由中国人自己设计、建造、管理的现代化五星酒店——白天鹅宾馆，多次接待外国政要的泮溪酒家，腊味世家皇上皇等。"美"是指食物精美，艇仔粥、及第粥、鱼肠粉、玻璃云吞、银丝细面等小吃物美价廉，第十甫路一带汇聚了广州名店和风味小吃。在饮食制作技艺方面，莲香楼广式月饼制作技艺被列入省级非物质文化遗产保护项目，西关水菱角制作技艺列入市级非物质文化遗产保护项目，广州凉果制作技艺、粤菜烹饪技艺等列为市级饮食制作传统技艺。

（四）中医药传统文化

荔湾的中医历史悠久，明清时期已有多位名中医在西关设馆行医。至清末民初，荔湾中医馆已成行成市，且多集中在十八甫附近的冼基和今龙津东路的洞神坊，这两条街也被俗称为"中医街"。岭南最早的一家中医研究社——医学求益社也创办于荔湾。采芝林传统中药文化、敬修堂传统中药文化、西关正骨被列入省级非物质文化遗产名录。位于岭南街的清平药材市场则是全国定点的首批八大中药市场之一。

荔湾区是全省首个全国中医药特色示范区，有省、市级中医院 3 家，区级中医院 2 家，设有中医科的综合医院 11 家。全区 19 家社区卫生服务中心均设中医综合服务区。另有十三行国医馆、精诚西关国医馆、荔港国医馆、固生堂中医馆、沙面国医馆等及分布在大街小巷的民办中医诊所 20 余家。截至 2019 年底，荔湾区共有中医床位 1984 张，平均每万人口 19.6 张，中医执业医师 1070 人，中医全科医生达到每万人口 1.25 人，均显著高于全市平均水平。荔湾区拟依托辖区内中医医疗资源和"一岛一港一带多组团"中医药产业载体不断健全全区中医药服务体系，加快打造中医药产业发展高地。"一岛"即大坦沙岛，构建医、疗、研、养、游全产业链的高端健康生态岛；"一港"即广州国际医药港，打造以中医药为特色的粤港澳大湾区国际智慧健康城；"一带"即珠江南岸沿江产业带，为建设医药健康试验区的有力支撑；"多组团"包括现代中医药组团、"互联网＋"医疗组团、生物医药组团、医疗器械组团及医药健康创业组团。大坦沙岛、医药港已被纳入穗港澳国际健康产业城，携手港澳打造中国医谷。荔湾南片被纳入广佛高质量发展融合试验区，与佛山共建生物医药与健康万亿级产业集群。

第四节

荔湾的红色资源

　　荔湾是片红色的土地，涌现出革命活动家陈铁军和广州起义领导人周文雍等革命先烈，拥有广州最早的郊区农会谢家祠等革命活动遗址，集聚了宝贵的革命精神财富。毛泽东、周恩来和叶剑英等党和国家领导人在荔湾留下了光辉的足迹，杨匏安、彭湃等无产阶级革命家在此从事过伟大的革命活动。

一、荔湾红色资源概况

　　荔湾共有革命遗址（痕迹）18处，存有实物的15处。其中大革命时期和第二次国内革命战争时期有广州市郊一区农会旧址、裕安围革命老区、葵蓬凤溪革命老区旧址，陈铁军、周文雍革命活动据点旧址、中共大涌口支部旧址、广三铁路总工会旧址、谢家祠等7处；抗战时期有救亡日报社南迁广州旧址、广州儿童剧团诞生地及团部旧址、中共广东省临时委员会活动旧址等3处；解放战争时期有广州地下党秘密活动据点旧址、《广州文摘》秘密油印站旧址、"断炊拍卖"纪念碑等5处。在荔湾的革命遗址中，重要历史事件和重要机构旧址5处，重要历史事件发生地及人物活动纪念地7处，纪念设施4处；国家级文物保护单位1处，省级文物保护单位1处，市级文物保护单位3处；省级爱国主义教育基地1处，县级爱国主义教育基地1处。革命先辈的足迹和革命遗址的留存，充分说明荔湾是一片红色的土地。

二、老区概况

根据民政部的统计，荔湾区共有两个革命老区：东漖裕安围和茶滘葵蓬凤溪。

（一）裕安围

裕安围，面积约 1000 平方米，位于荔湾区东漖街道西南、花地大道西塱桥西，东起花地大道，西接东漖村，南邻珠江水产研究所，北至麦村。旧时佃农集居此地，希望生活能够富裕安稳，故取名裕安围。

裕安围，南宋开禧元年（1205）隶属番禺县西塱，清末民初隶属番禺县茭塘司西塱堡。中华人民共和国成立初期，隶属芳村区；1954 年，隶属广州市新滘区；1957 年，隶属广州市郊区鹤洞乡；1958 年，隶属鹤洞人民公社西塱生产大队；1983 年，隶属西塱乡；1987 年，隶属芳村区东漖镇；2001 年，隶属芳村区东漖街；2005 年至今，隶属广州市荔湾区东漖街。

裕安围居民主要有陈姓、叶姓、郭姓、梁姓、原姓，其中叶、陈、郭等姓氏始祖由番禺大山迁居此地。2018 年末，户籍人口 765 人。其中男性 355 人，女性 410 人，80 岁以上 9 人，最年长者 90 岁（男性）。非户籍外来人口 1500 人。

裕安围以传统农业种植为主，主要种植蔬菜等农作物，此外还经营水产养殖。2001 年，由于撤镇建街，对城中村进行全面改造，村中耕地全部被征用，主要依靠农业收入生活的村民，大多数到城镇或社办企业做工。社员生活来源主要有房屋商铺出租、经济股份联合社集体经济分红及从事饮食业、观赏鱼养殖等。

大革命时期，裕安围成立了党组织，建立了农民协会，积极组织武装队伍，参加中国共产党领导的广州起义。抗日战争时期，成立了抗日俊杰同志社裕安围分社，配合广州市区游击第二支队开展抗日武装斗争。解放战争时期，裕安围群众在共产党的领导下积极组织农会、民兵开展斗争，为广州的解放作出了贡献。

1963 年 12 月，广州市人民政府授予裕安围"红色游击区"的光荣称号；1964 年 1 月，裕安围获中共广州市委评为革命老区根据地；1995 年 5 月，裕安围被确定为爱国主义教育基地。为纪念裕安围的光荣历史，裕安围村建成裕安围革命纪念馆，2011 年，该纪念馆得以重修。

（二）凤溪

凤溪位于茶滘街道以西、葵蓬村西南面，隶属荔湾区茶滘街道，与佛山市南海区高村仅一涌之隔。凤溪村位于珠三角平原上，珠江环绕于村四周。

凤溪村建村于清朝，曾用名"凤村头""凤溪头"，1946 年改作凤溪。

凤溪村主要姓氏有叶氏、彭氏、卢氏、原氏、杨氏。2018 年末，户籍人口 1030 人，其中男性 461 人，女性 569 人；80 岁以上老人 22 人。

旧时，凤溪以种植水稻、蔬菜、甘蔗和花卉为主。20 世纪 80 年代，蔬菜、花卉和饲养业得到逐步发展，水稻种植面积减少。今以经营花卉种植为主，村民主要收入来源为村集体经济分红、房屋出租、种植樱花和外地务工等。特色农产品有樱花（三角梅），凤溪村享有"樱花基地"之美称。

20 世纪 70 年代，凤溪村开始通电；80 年代初通自来水；80 年代末，村道实现水泥硬底化；90 年代初，村民普遍安装电话；21 世纪初，通信网络覆盖全村。

在大革命时期，凤溪成立了党组织，建立了农民协会，积极组织武装队伍，参加中国共产党领导的广州起义。在抗日战争时期，成立了抗日俊杰同志社凤溪分社，配合广州市区游击第二支队开展抗日武装斗争。在解放战争期间，凤溪群众在共产党的领导下积极组织农会、民兵开展斗争，为广州的解放作出了贡献。

中华人民共和国成立后，凤溪村人民英勇斗争的历史得到了党和政府充分肯定。1993 年 5 月，广州市人民政府确定凤溪村为抗日根据地。1995 年 12 月，凤溪村被列为芳村区爱国主义教育基地。

2003 年，三层高的凤溪革命老区活动中心建成，该中心是集革命历史展览馆、老人活动中心、阅览室、庇护站等于一体的活动场所。

第二章

革命星火起燎原：
大革命时期与土地革命战争时期

　　1919 年五四运动爆发后，杨殷、陈独秀在荔湾宣传马克思主义，为如火如荼的爱国运动提供了强有力的思想理论武器。随着中国共产党的成立，荔湾出现了工农运动的第一个高潮。大革命失败后，荔湾工农武装积极参加广州起义。

第一节 革命火种燃荔湾

一、陈独秀在荔湾传播马克思主义

辛亥革命失败后，先进的中国人在苦苦求索救国之路。中国共产党的创始人和早期领导人陈独秀怀着极大的热情，通过创办《新青年》等刊物、撰写文章、发表演讲、翻译出版马克思主义著作、与反马克思主义思潮辩论等多种不同途径，广泛宣传马克思主义，产生了积极而深远的影响。

1920 年 12 月，广东省省长陈炯明邀请陈独秀南下广东主办全省教育。17 日，陈独秀由上海启程搭乘轮船经香港至广州，于 29 日抵达广州。翌年出任广东省教育委员会委员长兼广东大学预科校长。中国共产党创始人陈独秀与中国民主革命策源地广州，在中国近现代史上堪称关键时刻的 20 世纪 20 年代初，就这样被历史的车轮推动着走到了一起。而两者结合碰撞出的思想火花，在轰轰烈烈的大革命旗帜下，即将点燃荔湾革命的火种。

陈独秀抵穗伊始，即提出教育改革计划三大纲：未成年教育、成年教育和专门教育。其中，专门教育类似今天的专科职业教育，以工业教育为主，除高等专门及大学工科外，以设甲种工业学校、普及乙种工业学校为目的。甲种工业学校，类似于如今的高职大专，是以培养技术工人为主要目的而成立的高等职业学校，最早可追溯至 1910 年清政府创办的教育机构——各省工艺局附设的工业学校。辛亥革命后，安徽、浙江、湖南、四川等地纷纷建立各自的省立甲种第一、第二和第三等工业学校。1918 年 8 月 20 日，广东工艺局附设的工业学校改为广东省立第一甲种工业学校（简称"甲工"）。该校是当年广东省立的唯一工业学校，几经发展成为广东工业专科学校，1952 年与中山大学工学院等合并成立华南工学院。华南工学院正是岭南入选国家"双一流"（世界一流大学、一流学科）建设的华南理工大学的前身。

甲工素以教学严谨、对学生要求严格著称，民国时期培养了不少工程人才。在大革命年代，甲工学生运动蓬勃发展，从这里走出一批职业革命家。在广州革命历史上颇有影响的阮啸仙、周其鉴、刘尔崧、周文雍都是甲工的学生，因此有"红色甲工"之称。五四运动中，阮啸仙、周其鉴、刘尔崧、张善铭参加广州国民外交后援会，组织市民声援北平学生运动。1919 年 6 月，甲工响应上海工人的政治罢工、学生罢课、商人罢市的"三罢"斗争，发起成立广东省中等以上学校学生联合会，将运动从广州推向全省。1922 年 6 月，全省 32 名共产党员中，5 名来自甲工。1923 年广东出席中共三大的 4 名代表中，2 名来自甲工。

1921 年 1 月 22 日，陈独秀应甲工学生会主要负责人阮啸仙邀请，到位于西村增埗的甲工演讲。

陈独秀的讲话，有两个重点：一是有别于旧式经济学把土地、劳力、资本相提并重，强调劳动力和劳动者的重要性，提出"劳动神圣"；二是号召与劳工同在一个阶级的脑力劳动者工学生要和体力劳动者结合团体，共同进行，把资本家推倒，打破雇主与被雇者关系，做成社会上种种改造的事业。陈独秀的讲话体现了《共产党宣言》中"全世界无产者联合起来"进行阶级斗争打倒剥削阶级的无产阶级革命思想，激励着青年们为社会制度改革而奋斗。聆听演讲的甲工青年学子，其中的佼佼者和先驱者将在南粤大地的土壤上播撒下共产主义理想的革命种子。

除了在甲工发表演讲，陈独秀在广州期间还时常莅临历史悠久、文化繁盛的老西关听戏、会友。位于如今荔湾湖公园海山仙馆附近的荔香园留下了陈独秀所题赠的一副对联："文物创兴新世界，好花开遍荔枝湾。"身在老西关，心念新世界，20世纪20年代初的陈独秀对于创造一个崭新的共产主义新社会充满了美好的理想。而他这份理想将由从荔湾"红色甲工"走出的无产阶级革命家们借着国共第一次合作的机会开始真正付诸社会实践。

在甲工演讲之后两个月的1921年3月，陈独秀即与广州共产党早期组织成员谭平山、谭植棠、陈公博等人酝酿筹建广东共产党组织。

二、杨匏安在荔湾系统介绍马克思主义

提起中国共产党成立的历史，很多人都会谈到"南陈北李，相约建党"的事迹，即陈独秀在上海、李大钊在北京最早开展了中国共产党的创建工作。但在此之前，还有一个"南杨北李"，即杨匏安在广东、李大钊在北京最早系统宣传了马克思主义。

杨匏安，1896年出生于广东香山县南屏（今属珠海市）；1914年毕业于广东高等学堂附中；1915年东渡日本求学，其间接触到马克思主义。回国后，杨匏安在广州时敏中学任教，兼任《广东中华新报》记者。

《广东中华新报》是民国时期广州一家进步刊物，报社位于广州西关第七甫58号（今荔湾区光复中路一带）。西关一带，在20世纪初是报馆林立之地。如1912年创办的《广东日日新报》，社址在十八甫55号；《大公报》社址在第七甫；《中国日报》也从香港迁至第八甫；《民生报》《商权报》《现象报》等都在打铜街（今光复南路）。

1919 年 11 月 11 日至 12 月 4 日，杨匏安在《广东中华新报》上连载《马克思主义（一称科学的社会主义）》，系统阐述了马克思的唯物史观、阶级斗争学说和剩余价值理论。这篇文章是对李大钊在北方传播马克思主义的迅速回应，也是广东地区第一篇系统地介绍马克思主义的文章，具有耕荒播漠的意义。中共中央党史研究室主任胡绳主编的《中国共产党的七十年》，对杨匏安这篇文章评价甚高，在叙述中国早期马克思主义思想运动时，首先提到了李大钊的贡献，其次便提到杨匏安，认为他对马克思主义在中国的早期传播起过重要的作用。《马克思主义》一文的发表，标志着杨匏安已从革命民主主义者开始向马克思主义者转变，他的宣传活动也为广东共产党组织的建立做了思想准备。

1921 年春夏，杨匏安加入广州共产党早期组织。1922 年 2 月 26 日，《青年周刊》创办，杨匏安撰写创刊宣言。此后他发表长文《马克思主义浅说》，通俗、系统地介绍了马克思主义的唯物史观、阶级斗争学说、剩余价值理论三个组成部分。他不仅向读者宣告"我们最服膺马克思主义"，还初步把马克思主义同中国国情联系起来，提出中国革命除了应注重劳工运动之外，"尤其注重的是农民运动"，因为"中国是一个农业国，生产的大部分都是出自农民汗血"。

三、《广东群报》：中共在广东最早创办的地方党报

陈独秀到广州时，共产国际代表维经斯基也到了广州。在此之前的 1920 年 8 月，谭平山、陈公博、谭植棠三人从北京大学毕业回到广州，成立广州社会主义青年团；10 月，三人在第七甫 100 号（今荔湾区光复中路）共同创办了广东群报社。《广东群报》宗旨有二："一、不谈现在无聊政治，专为宣传新文化的机关；二、不受任何政党援助，保持自动出版物的精神。"报纸一

经发刊，即大张旗鼓地宣传新思想、新学说、新文化，大量转载上海《共产党》月刊的文章，介绍世界新闻和苏俄消息等。

1921 年 3 月，陈独秀与陈公博、谭平山、谭植棠等组建了广州共产党早期组织，陈独秀任书记，以《广东群报》为机关报。广州共产党早期组织成立后，通过成立马克思主义研究会、宣讲员养成所等大力开展宣传工作。作为机关报，《广东群报》专门辟有《马克思研究》栏目，大篇幅登载介绍马克思、列宁生平和国际共产主义运动历史的译著，长篇连载了《马克思的一生及其事业》《列宁传》。以《广东群报》为阵地，陈独秀与无政府主义者展开论战，使许多人逐步认清了无政府主义的实质，划清了马克思主义与无政府主义的界限，马克思主义得到了进一步的传播。此外，《广东群报》尤为注重对工人运动的报道和指导。报刊大量报道粤、港两地劳工运动消息，并对粤、港两地工人生活状况进行调查，以活生生的事实激励工人们团结起来，与盘剥压榨工人的资本家作斗争。

在大革命的火种点燃之前，《广东群报》为当时如火如荼的爱国运动提供了强有力的思想理论武器。《新青年》杂志评价《广东群报》"是中国南部文化的总枢纽，是介绍世界劳动消息的总机关，是广州资本制度下奋斗的一个孤独子，是广东十年来恶浊沉霾空气里面的一线曙光"。

荔湾的工农运动

一、荔湾的工人运动

中国共产党成立后，即致力于发展工人运动。为统一领导全国工人运动，1921 年 8 月，中国共产党在上海成立中国劳动组合书记部。随后，在广州高第街素波巷成立中国劳动组合书记部南方分部。在中国共产党的推动下，广州各行业工人纷纷成立工会，掀起了工人运动的第一个高潮。这一时期，荔湾地区先后掀起协同和机器厂工人的罢工斗争、广三铁路工人罢工和沙面工人大罢工。

（一）协同和机器厂工人的斗争与中共大涌口支部的成立

大涌口村位于珠江河白鹅潭旁，与下芳村长堤毗连，西南面与沙涌村、白鹤洞、东塱相邻，水道交通便利，为工商业的发展提供了有利条件。那时大涌口因有多家的码头仓库，日常需要很多搬运工人来搬运货物，附近的沙涌、坑口、白鹤洞、东塱、西塱、新爵等村的农民，到农闲时，多来到大涌口的各个码头做搬运散工，以维持生计。借此仓储和水运的优势，加上大涌口还有协同和机器厂，涌口地区便热闹繁荣起来。

协同和机器厂，是广州最早的民族工业之一，成立于 1911 年，在创办后的最初十年里，处于上升阶段，生产设备逐渐增加，经营范围日益扩大，企业的利润率很高，一些产品在华南地区获得较好声誉。但工厂工人长期面临工作环境恶劣、待遇低、时间长等问题。

机器厂工人和学徒不甘于沉重的苦役和贫困的生活，他们不断地进行反抗。1920年，广州机器工人组织了许多俱乐部和自治会，如粤汉铁路工人俱乐部、广州电气工人互助会等，以维护自身的利益。1921年4月，根据各个俱乐部、自治会和互助社通过的决议，成立广东机器工人维持会，华南地区的工人阶级登上了历史舞台。广东机器工人第一次独立性的罢工开始了。

1921年4月1日，广东机器工人维持会发表了要求改善工人生活状况和学徒待遇的《宣言》。资方拒绝了工人的要求。6月9日，广东机器工人维持会宣布罢工，有1万多名机器工人参加，协同和机器厂的工人也投入斗争。罢工开始后，机器行业的全体学徒也加入斗争的行列。工人罢工持续了三天，后在广东省省长调处下，劳资双方达成协议，主要内容包括：每天工作9小时；夜工加班1小时抵日工2小时；增加工资20%—40%；除星期天例假外，五一劳动节、黄花岗纪念节等给予放假。学徒罢工则达到3个月之久，资方基本应允缩短工作时间等条件。

1924年5月1日，在中共广东区委领导下，广州工人代表会成立，同时成立职工运动委员会。职工运动委员会十分重视大涌口的工人运动，派党员到大涌口的协同和、岭南、渭文、公和祥等四大机器厂开展革命工作。1924年，沈青（沈厚堃）任青年团广州地委秘书长时，曾和庞大谦到上述工厂开展工人运动。其后，中共党员周文雍、李耀先和职工运动委员会秘书邹师贞也到大涌口的工厂开展工人运动。中共广东区委为进一步争取工人的支持和拥护，考虑到工人出身的李佩堪、梁祥等人老成持重、技术较高，并在大涌口几间工厂有不少师兄弟，特委派他们到协同和机器厂以工人身份作掩护，长期开展工人运动。

李佩堪利用师兄弟的关系串联渭文、岭南等机器厂工人，通过宣传、教育、启发和帮助等多种形式，提高工人的阶级觉悟、爱国主义精神和反帝反封建意识，积极投身工人运动。对在工人运动和斗争中涌现出来的积极分子、运动骨干，及时吸收为中共党员，壮大核心队伍，加强领导力量。

在发展了李沛群等 12 名工人为中共党员后，1925 年冬，中共大涌口支部成立，李佩堪任党支部书记。协同和机器厂成为芳村地区最早建立党组织的机器工厂。

（二）广三铁路工人的革命斗争

广三铁路起于石围塘，经佛山至三水，是广东境内一条重要的铁路支线。铁路全长 48.86 千米，始建于 1901 年 12 月，1906 年由粤汉铁路公司正式接管。

广三铁路工人具有光荣的革命斗争传统，从清末到新中国成立，广三铁路工人为反对帝国主义、官僚资本主义的压迫，掀起了一次又一次的斗争浪潮，写下了可歌可泣的篇章。

1. 成立工会并支援东征军平定杨、刘叛乱

1924 年 1 月，孙中山在广州召开了国民党第一次全国代表大会，决定与中国共产党合作，建立了以国共合作为基础的革命统一战线。同年 3 月 5 日，国民党中央党部工人部在太平戏院召集粤汉、广九、广三铁路工人代表 1000 多人开会。国民党中央常务执行委员、工人部部长廖仲恺在会上宣传了孙中山的"联俄，联共，扶助农工"三大政策，号召工人们加强团结，参加国民革命。廖仲恺还亲自到广三铁路，调查工人运动的情况，指导工人们成立工会组织。同年春，中共广东区委派杨殷等同志到粤汉、广九、广三铁路组织工会。当时，广三铁路只有几个行会性质的小团体，如广三铁路员司工会、互成俱乐部等。杨殷结识了刘照、刘公素等工人，通过他们在工人中开展工作。不久，杨殷组织广

三铁路的机器厂、木工厂、材料厂、油漆厂、印刷厂的工人组成了广三铁路临时工会。工会职员有机器厂的刘公素、何根，木工厂的陆芬、冯建，车务段的高伯良、苏泽，机务段的陈登、陈志荣等。工会办公地点就在芳村的石围塘车站。

1924年5月1日，中共广州地委委员刘尔崧领导广州地区的进步工会，成立广州工人代表会。陆芬代表广三铁路参加了广州工人代表会成立大会，并当选执行委员。同年7月，广州商团反对孙中山的革命政权，杀害工农群众。广州工人代表会为反击商团的挑衅，建立了工人武装广州工团军。刘公素担任工团军副团长，广三铁路的青年工人袁根、黄寿、刘金常、陈全等也加入了工团军。

1925年6月，驻扎在广州的滇、桂军阀杨希闵、刘震寰企图推翻广东革命政权。广东革命政府命令正在东江前线讨伐陈炯明的东征军回师广州，消灭杨、刘叛军。为配合东征军，中共广东区委派刘尔崧、冯菊坡到粤汉、广三铁路领导工人罢工，使滇、桂军阀不能利用铁路调运兵员和弹药。广三铁路的工人骨干陆枝、刘公素、李连、杨章甫、潘兆銮等带领大部分工人离开铁路，到海珠凤凰岗暂住。工人们将火车零件拆下，使火车无法开动。广三铁路工人还组织宣传队，到芳村、海珠一带开展宣传活动，揭露滇、桂军阀的暴行，号召人民起来协助东征军消灭叛军。当东征军回师广州时，广三铁路工人立即返回岗位，开动火车运送东征军投入战斗，并为东征军运输弹药。在广大工人群众的支持下，东征军在两天内就平定了杨、刘叛乱，巩固了广东革命政权。

2. 广三铁路工人参与省港大罢工斗争

1925年6月，省港两地工人为抗议英帝国主义在上海制造"五卅惨案"屠杀中国人民的暴行，举行了震惊中外的省港大罢工。中华全国总工会成立了省港罢工委员会，领导这次罢工。6

月 23 日，广三铁路工人参加了沙基大游行，到沙面抗议英帝国主义的侵略行为。广三铁路工人李文逸、区荣、李羡涛、罗纯辉等在省港罢工委员会接待部工作，他们热情接待从香港回到广州的工人，为他们安排食宿。共青团广东区委委员周文雍、韦启瑞亲自介绍李羡涛、罗纯辉、李文逸加入中国共产主义青年团。

省港罢工委员会为坚持长期斗争，成立了一支 2000 多人的工人纠察队，封锁香港，断绝运送粮食、副食及其他物资往香港。工人纠察队员是在罢工青年工人中抽调出来的。他们大都文化水平低，不懂军事。党组织委派徐成章任纠察队总教练，教官由赵自选、莫奇标、富恩助、唐澍及一批黄埔毕业生担任。为培养骨干，纠察委员会还建立了模范纠察队、军事队、特别队、干部队等，培训地点在谢家祠。纠察队有 5 个大队，按三三制建制，实行轮训计划。在谢家祠轮训的内容包括军事课与政治文化课：军事课以步兵操典为主课，每天上午在谢家祠草坪上实教实练；政治文化课则学《帝国主义侵略史》《中国民族革命运动史》《三民主义与五权宪法》《共产主义 ABC》等。不执勤的农民自卫军也一起上课，以提高政治军事素质和阶级觉悟。

工人纠察队除了在谢家祠执行轮训任务者外，还有派驻封锁沙面租界及珠江河面的第一大队第二、三支队。队员和农军一起，执行封锁沙面、缉私的任务，负责维护芳村、花地至白鹤洞一带的治安和社会秩序。

1925 年 12 月，工人纠察队扩大队伍，在谢家祠集中整编。整编后，调陈剑夫为第一大队第一支队支队长，继续驻守芳村谢家祠和花地一带，担负封锁沙面白鹅潭一带的重任。1926 年 10 月，省港罢工工人代表大会根据全国形势的发展，决定改变斗争策略，主动结束罢工和停止封锁。工人纠察队进行了改组，有些队员编进北伐军，有些队员转入农村，参加农民运动，训练农民自卫军。其余的队员改编成缉私卫商保卫团，由徐成章担任团长，在虎门太平训练两个月后调回广州，分驻太平南和芳村谢家祠，部分被派往铁路、轮船等随车船护航。

经过平定杨、刘叛乱斗争的锻炼与省港大罢工的影响，广三铁路工人更加认识到团结的重要性。他们决定在党的领导下，组成统一的工会团体，同剥削制度进行坚决的斗争。1925 年 7 月初，广三铁路临时工会在中共广东区委工委的领导下，发动工人为进一步改善劳动条件向路局提出了三点要求：路局医院要为工人治病；单身工人应分配宿舍；设立工人子弟学校，让工人子弟免费入学。广三铁路局局长陈子英慑于工人的力量，答应了工人们的要求。7 月底，工人们召开了全路工人代表会，决定成立广三铁路总工会筹备委员会。筹备委员会委员有罗顺辉、李文逸、陆芬、陈志荣、黄豪、林道五、陈登、李羡涛等（未设主任）。9 月 6 日，广三铁路机车工人举行罢工，反对基督教徒在广三铁路范围内开办学校，要求撤换新上任的局长李作荣。共青团广东区委很支持工人的斗争，派中山大学学生童宝藩、陈心月、黎伟英、梁啸海、袁得韵等党员前来广三铁路工作，并成立了广三铁路团支部，以童宝藩为书记。罢工坚持到 9 月 22 日，广三铁路局被迫答应工人们的要求，撤换了局长李作荣，还答应工人子弟学校归工会管理，每月拨给办学经费。同年 10 月，中共广东区委成立广三铁路党支部，共青团广东区委候补委员陈志文担任支部书记，筹备委员会支部有陆芬、苏泽、陈志荣、陈廉、邝少夫、黄豪、何根等 10 多名党员。党支部直属中共广东区委工委刘尔崧、冯菊坡领导。同年底，共青团广东区委派袁德韵担任广三铁路团支部书记。广三铁路总工会筹备委员会同时聘袁德韵担任广三铁路工人子弟学校校长。在党、团组织的领导下，广三铁路工人运动更加活跃。工人们除积极筹备成立广三铁路总工会外，还帮助广三铁路沿线的农村成立农会。广三铁路机车司机何根协助吴勤成立南海四区农会，养路工人梁通筹协助五眼桥站附近的秀水、三眼桥站附近的盐步、奇槎站附近的大沥、佛山站附近的大镇等乡成立农会。同年12月，中共广东区委工委指示广三铁路总工会筹备委员会向广三铁路局提出改善铁路工人生活、工作条件的7项条件：（1）工人工资在一元以下者增加50%，一元以上者增加30%；（2）学徒、青工工作满二年者，应按工人最低工资标准发给；（3）星期日照发工资；（4）夏季发大成蓝工作服，冬季发哔叽绒工作服；（5）每人一件雨衣；（6）无故不得开除工人；（7）由路局医生诊治职工疾病。路局慑于工人的力量，接受了所有的条件。

1926年初，中共广东区委为争取省港大罢工的最后胜利，加强广东工会组织的团结，决定发起省港工会统一行动。4月1日，广州地区的170多个进步工会的代表2500多人召开广州工人第一次代表大会。大会共开了6天，中华全国总工会副委员长刘少奇到会作《全国职工运动报告》。大会决议成立广州工人代表大会，刘尔崧被推选为代表大会的执行委员会主席，陆芬被推选为执行委员。根据中共广东区委和中华全国总工会的安排，广三铁路总工会于4月21日正式成立，统一领导全路的工人运动。广三铁路总工会全体会员参加了成立大会，推举何根、陈竹初、陈志荣、陈登、黄豪组成主席团，李羡涛等15人为执行委员，并聘请杨殷为顾问。广三铁路总工会会址设在芳村的石围塘车站，工会共有800多会员。总工会成立后，进行了几项重要工作：出版《广三工人》周刊，对工人群众进行宣传教育；成立"铁血剧社"，活跃工人的文娱生活；建立广三铁路工人纠察队；动员工人每月捐一天工资支援省港大罢工，捐一天工资作工会费。

1926年5月1日，中华全国总工会在广州召开第三次全国劳动大会，何根代表广三铁路总工会出席了大会。5月14日，全国铁路总工会决定成立广东铁路办事处，由粤汉、广九、广三铁路总工会的代表组成。5月15日，广东铁路办事处在广州太平戏院召开广东全省铁路工人第一次代表大会。到会代表312人，广三铁路总工会主席团成员陆芬在大会上作《经济斗争》和《职工运动》的报告。最后，大会选举广东办事处执委15人，陆芬当选执委。

1926年7月，广州国民政府决定举行北伐，粤汉、广九、广三铁路各派出司机、机匠、司旗、路面工程等工人12人组成了随军北伐交通队，由广九铁路机务段段长陈秀拍担任队长，开赴前线支援北伐军作战。

同年6月，广三铁路总工会主席团成员李全受工会委托，向广三铁路局提出改善工人待遇和开办工人学校两项要求，广三铁路局被迫答应。成立广三铁路工人学校，旨在对工人传播革命理论，培养工运干部。10月8日12时，工人夜校在芳村石围塘车站举行开学典礼。广三铁路党支部书记陈志文兼任校长，并聘请童保藩、陆杰、何耀基、袁德韵等大、中学生（均系党、团员）为教员。同年10月，广三铁路总工会保送何根、李羡涛等人到中华全国总工会举办的工人大学——劳动学院第二期学习。10月11日，全国铁路总工会广东办事处召集粤汉、广九、广三铁路总工会的代表召开会议，讨论三铁路工人统一待遇问题，对三铁路工人的工资、休假、工作服、雨衣、养育金等作了统一规定。

3. 广三铁路工人反对国民党右派的斗争

广三铁路工人在共产党的领导下，积极参加国民革命运动，成立了党、团组织和总工会，建立了坚强的革命堡垒。国民党右派及其支持的工贼对广三铁路工人又怕又恨。1927年1月3日凌晨，广东机器工会派出暴徒三四百人分水陆两路进攻广三铁路总工会，另有两支暴徒队伍向广三铁路工人学校和五眼桥进攻。广三铁路总工会得知广东机器工会进攻粤汉铁路总工会，早已派出纠察队加紧防范。当体育队靠近总工会时，纠察队员即开枪还击，打得敌人不敢靠前。南海县大沥、秀水等乡的农民自卫军知道消息后即前来支援，中共广东区委监察委员杨殷知道后也派人前来探听消息。经过几小时的激战，工、农武装打得敌人四散奔逃，毙敌数人。当晚，广三铁路总工会即写公文将广东机器工会暴行报告广州政治分会及广州警备司令部，要求处理进攻工会的工贼。广州工人代表大会也发表声明，抗议广东机器工会破坏国民革命运动的罪行，要求惩罚歹徒。但国民党右派包庇工贼，公开压制工人运动，广东机器工会没有受到任何惩戒。1927 年 2 月 16—21 日，全国铁路总工会在汉口召开全国铁路工人第四次代表大会。广三铁路总工会专门派出主席团成员陆芬联同粤汉铁路总工会的黄江、傅文波与广九铁路总工会的周祯出席大会。他们向大会报告广东机器工会进攻广三铁路等的恶劣行为，要求大会援助革命工会组织，保障铁路工人生命安全。

（三）沙面工人大罢工

沙面位于广州城区西南，在珠江岔口白鹅潭畔，占地面积330 亩（1 亩约等于 666．67 平方米），是一个风景幽美的小岛。第二次鸦片战争后，沙面成为英、法租界。

1924 年 6 月 19 日晚上，法国社团在沙面维多利亚酒店举行招待法国驻安南（今越南）总督马兰的晚宴。宴会进行时，安南爱国志士范鸿泰从阳台的窗户投放炸弹，轰毙法国人五名，伤五人。随后警察出动追捕范鸿泰，范逃至白鹅潭堤岸跳水而亡。英领事一口咬定凶手是华人，向广东省政府致函表示"抗议"，并限制华人自由进出沙面。这种横蛮的态度激起沙面华工的极大愤怒，负责工人运动的刘尔崧、冯菊坡、周文雍、施卜等人迅速来到沙面，发动和组织工人进行斗争。英国领事不仅不承认错误，反而于30日颁布了限制华人进入沙面的《通行证条例》（简称"新警律"），要求沙面华人出入租界必须携带执照，但欧美人、日本人、印度人、安南人均可自由通行。并且，华工执照上须贴有雇主的照片，每晚9时后，华人非携带执照，不能入境两次。在沙面，外国人可以自由出入，唯独取缔中国人在中国国境内的出行自由，这是强加于中华民族的奇耻大辱。因而此令一出，旋即引起了沙面华籍职工包括巡捕房华籍警员的极大愤慨，他们纷纷起来抗议，并派代表要求广州工人代表会议领导开展取消"新警律"的斗争。

为反击帝国主义的挑衅，中共广州地委派刘尔崧和李森等到沙面发动工人罢工。当时，反应最强烈、斗争最坚决的是沙面的青年工人，刘尔崧等把他们组织起来，成立沙面青年工社，联合沙面原有的惠群工会、文员工会、洋务职工工会、西餐工会，向英、法领事提出取消沙面"新警律"的要求，但遭到拒绝。

7月15日，在刘尔崧、施卜、周文雍等共产党人领导下，沙面3000多名华工在长堤茶居工会召开罢工大会，向英、法租界当局提出取消"新警律"、每天午夜前中国人可以自由出入沙面、复工后不得歧视报复、罢工期间工资照发等四项条件，并组织了"各界反对沙面苛例罢工委员会"领导这次斗争。刘尔崧等动员海员、茶居工会负责筹款、招待工作，解决罢工工人的食宿问题，广州女界联合会则负责招待女工。16日，沙面工部局华人巡捕48人加入罢工行列。随着罢工工人一一离开租界，沙面的工厂、企业纷纷停工，街道冷冷清清，昔日的闹市变成一片死寂，沙面瘫痪了。罢工的浪潮严重冲击着英、法租界当局，法、英领事不得不向广州革命政府寻求帮助。广州革命政府回复称：华人此次因争人格发生合理循轨的罢工，政府实不能加以取缔，并要求英法当局满足工人的要求。

帝国主义者求助计划落空后，便露出了侵略者的本来面目。英国马上调动军舰到沙面一带游弋，并派遣海军陆战队在沙面巡逻，炫耀武力，威胁罢工工人；同时收买广东机器总工会会长马超俊（时任国民党广州市党部工人部部长兼广州兵工厂厂长，是年9月25日被孙中山撤职查办），煽动工人停止反帝斗争。

在广州革命政府的支持下，在上海、北京、湖南等工团援助下，刘尔崧和罢工委员会与帝国主义者进行了针锋相对的斗争。他们抓紧对罢工工人的教育，揭露帝国主义者武力恐吓的伎俩，同时对马超俊的卑劣行径予以尖锐的批判，使帝国主义者的阴谋一一破产。7月21日，英、法租界当局无计可施，又感到罢工持续下去，十分不利，只得表示愿与罢工工人代表谈判，接受罢工委员会提出的四项条件。但在谈判期间又提出，参加罢工的巡捕系属军人性质，不同于一般工人，禁止再任原职。刘尔崧和罢工委员会等据理力争，反驳道：沙面巡捕是治安工作人员，属职工范围，不能与军人等同，应与罢工工人一样恢复原职。然而，租界当局拒绝了这个要求。

为了打破僵局，夺取罢工斗争的彻底胜利，刘尔崧等人于7月24日，组织和发动广州各行业的工人支援沙面工人的罢工斗争。广州各行业工人纷纷响应，洋货仓的运输工人于是日罢工，使沙面商业活动陷于瘫痪。广州海员工会宣布，如果沙面罢工在一周内不能妥善解决，他们将以实际行动支持。27日，广州电业局警告租界当局，如不接受工人条件，将停止向沙面供电。这期间，北京、上海、湖南等地工会组织及海外华侨也纷纷声援。

8月16日，在中国人民强烈的反对声中，处于四面楚歌的英、法租界当局，不得不表示完全接受工人提出的条件。17日，双方正式签订了协议，租界当局宣布取消新警律，承认华人外人一律平等。

签订协议后，沙面华工于 8 月 19 日复工。这次沙面工人大罢工一共持续了 33 天，终于取得了彻底的胜利。沙面工人罢工斗争的胜利，是广州工人阶级团结斗争的结果，同时是和刘尔崧等共产党人的努力、国民党左派的支持分不开的。

沙面大罢工斗争的胜利，打击了英帝国主义的威风，是中国工人阶级反对帝国主义的一次政治斗争的伟大胜利。它大大鼓舞了广东人民反帝斗争的决心和信心，维护了中华民族的尊严，锻炼了广州工人阶级队伍。通过这次斗争，沙面华工进一步团结起来了，原先的小组织、小行会逐渐消失，进而推动了广东工团军的成立。而且它的影响超出了广东，震动了整个华南地区，波及全国，促进了各地工运的发展，成为"二七"大罢工失败后中国工人运动由低潮转向高潮的一个转折点，从而具有重大的历史意义。

二、荔湾的农民运动

（一）林宝宸组织领导广州市郊一区农会

在革命年代里，广州市郊一区农会是广州市最早成立的区一级农民协会，被誉为广州农民运动的摇篮。市郊一区农会会址在芳村谢家祠，靠南一座称南便祠，北面一座叫北便祠。它们分别作为农会会址和农民自卫军训练场以及省港大罢工工人纠察队的队部。一区农会在广州地区的农运史上，留下了光辉的一页。

国民党一大后，农民运动在广东省各地特别是在广州市郊迅速兴起，早年曾跟随孙中山参加辛亥革命的芳村招村农民林宝宸是最先接受共产党农运思想的一员。那时，招村一带的贫苦农户，受着地主高地租、高利贷的剥削。租耕七八亩果园，每年便要交2000 多斤租谷。此外，还要被土豪劣绅勒收禾更谷、保护费、龙船费、醮金、鸭埠谷等苛捐杂税，并被强迫进行无偿的"义务劳动"。碰上天灾人祸，向地主借高利贷，更可能被逼得卖儿卖女、倾家荡产。1923年前后，招村一带连续遭受自然灾害，农民生活更加困难。可是，地主阶级及其豢养的反动武装——民团，对农民的压迫、剥削有增无减。为反抗压迫，林宝宸积极串联贫苦农民，在芳村地区乡进行筹组农会的活动。

林宝宸筹组农会碰到不少困难，特别是受到地主阶级的阻挠和破坏。在彭湃、阮啸仙、周其鉴和罗绮园"四大农头"的具体教导和帮助下，林宝宸坚决和地主民团展开斗争。经过努力筹备，他联系100多名骨干，于1924年7月成立了临时筹委会，选举了农会的组织员。

同年8月17日，广州市郊一区农民协会宣告成立，选出了以林宝宸为首的执行委员会。农民自卫军大队同时成立，队部设在北便祠。会上，彭湃、阮啸仙等代表农民部讲话。广州市郊一区农会成立后，在阮啸仙、何友、刘尔崧等共产党员的组织发动下，在农会内发展了七八名党员，成立了中共广州市郊一区农民协会党支部。党支部的组成人员以农民为主，包括黄谦、原基、李公侠、姚常、卢瑞荣等。芳村地区的农民运动从此纳入中国共产党的领导，整个芳村地区革命热潮高涨。

市郊一区农会成立后，芳村地区农民冲破封建势力的阻挠成立了乡农会，并在区农会的领导下，为争取市长选举权进行了坚决的斗争。1924年10月，广州市进行市长选举。按规定，仅工会、商会、教育会等团体有选举权，农会没有选举权。市郊农民对此十分不满，一致要求力争参加市长选举。市郊一区农会便组织了"广州市郊区农民协会力争市长选举权"的请愿示威队伍。在林宝宸的率领下，会员高举农会大旗在市内游行。争民主选举市长权的口号声响彻广州上空，获得了工人、学生及各阶层人士的同情和支持。12 月 1 日，刚从法国留学归来的、时任中共广东区委委员长兼宣传部部长和黄埔军校政治部主任的周恩来发表了《工农阶级与广州市选》的专题文章，支持农会的正义行动，指出广州市政府将管辖内的数十万名农民摒为"化外"，这是剥夺农民选举权、"严重破坏民主"的行为。广东革命政府终于同意农民同样享有市长选举权。广州市郊一区农会取得了争取选举权的胜利，打响了农民运动的第一炮。

在市郊一区农会的推动下，广州市东、西、北部的贫苦农民纷纷来南便祠联系，请求介绍成立农会和开展农运的经验。广州市郊一区农会也动员积极分子和会员利用串亲戚等形式，到各乡传授筹组农会和对地主阶级斗争的经验。市郊一区农会的成立，对广州的农民运动起了重大的推动作用。继市郊一区农会成立之后，广州市郊第二区（南区赤岗、沥滘、新洲一带）农会、第三区（黄埔、长洲一带）农会、第四区（石井、槎龙、泮塘一带）农会先后成立。到 1925 年 5 月广东省第一次农民代表大会召开前，广州市郊已成立区农会 2 个、乡农会 16 个，入会者 1000 余户。各区农会互相支持，团结一致，与广州市各工会结成工农联盟，同封建地主、土豪劣绅开展减租减息和废除禾更费等苛捐杂税的斗争，取得了可喜的成绩，与广州工运一起掀起了工农运动的新高潮。

以谢家祠为集结地，农民自卫军开办了广州市郊农民自卫军模范训练班，积极进行军事训练。黄埔军校派出共产党员徐成章担任训练领导工作。教官由赵自选和一批黄埔军校毕业生担任。叶剑英曾多次带领黄埔军校教导团的学员到南便祠大门前的空地指导农军进行实弹训练。同一时期，工人纠察队也在此集训，他们在北便祠附近空地建起几排木屋、茅棚作驻地，用于学习、训练和住宿。以谢家祠为集结地和训练地的农军和工人纠察队达

3000 多人，为广东革命政权作出了积极贡献。20 世纪 20 年代发生在广州的许多重大事件都留下了农民自卫军的战斗事迹。

参与平定商团叛乱　1924 年 10 月 10 日，广州商团团长陈廉伯、副团长陈恭受发动商团叛乱。孙中山在中国共产党和广大革命群众支持下，下令平叛。根据中共广州地委指示，10 月 15 日，驻扎在谢家祠的农军在刘锡文等率领下，从芳村大涌口横渡珠江攻打黄沙、梯云桥等地，俘虏商团军 100 多人，缴枪百余支，有力地支援了友军的战斗，使广东革命形势转危为安。

参与东征　1925 年 2 月和 10 月，广东革命政府先后进行了两次东征，讨伐盘踞在东江的军阀陈炯明。广州市郊一区农军 50 多人与其他农军一起，由农军总指挥赵自选率领，到惠阳淡水参加讨陈炯明的战斗。

平定杨、刘叛乱　1925 年 2 月，驻扎在广州的滇桂系军阀杨希闵、刘震寰乘革命军东征，广州城内兵力空虚之际发动叛乱，企图推翻广东革命政府。广州市郊一区农军几千人积极配合回师的东征军参加平叛斗争。赵自选率领农军抢渡珠江，包围并拔除叛军的主要据点，迫使叛军 1000 多人投降，使广东革命政权再次转危为安。

支持五卅运动与省港大罢工　1925 年 5 月 30 日，英帝国主义在上海制造了"五卅惨案"。为了支援上海人民的反帝斗争，香港工人罢工、商人罢市、学生罢课，并有十多万工人回广州，准备长期坚持斗争。广州工人、学生、市民也举行了游行示威，声讨英帝国主义罪行。6 月 23 日，在市郊一区训练的农军和工人纠察队从芳村渡江登上沙基，加入游行示威队伍。游行队伍途经沙基路时，沙面租界英、法军警开枪射击，50 多人被当场打死，170 多人重伤，造成"沙基惨案"。愤怒的广东人民决定封锁香港与沙面英法租界，在东起汕头市、西至北海市（今属广西壮族自治区）的广东省海岸线组成一条千里封锁线。市郊一区的农军和纠察队派出 300 多人，驻守芳村长堤和花地河配合封锁任务。

（二）黄谦组织领导市郊三区农会

凤溪村是大革命时期广州市郊三区农会所在地，也是广州起义时市郊农民自卫军的集结地。1924 年，国民党中央农民部特派员梁伯如被派到市南郊组织农会，凤溪的黄谦很快就接受了革命思想，成为农运骨干。在他的串联发动下，团结了大批农民，当年就成立了凤溪村农民协会，黄谦任执行委员长兼市郊三区农会执行委员长。1925 年，黄谦加入了中国共产党。在国共合作的形势下，黄谦以国民党中央农民部特派员的身份指导南郊一带农民运动。

1925 年，市郊三区农会成立，会址设在保善小学，黄谦为执行委员长。在西滘小学教书的共产党员卢瑞荣（田心岸人），被选为三区农会秘书长，并负责宣传工作。在三区农会帮助下，三区所辖村（乡）成立农会，开办农民夜校，开展减租减息、反对苛捐杂税斗争，建立起农民自卫军。三区农民自卫军武器较好，实力较强。

1925 年广三铁路筹备建立铁路总工会后，立即派司机何根协助吴勤成立南海四区农会，梁通筹协助五眼桥一带（即凤溪、北丫）建立农会。白沙农会成立时，遭到地主豪绅威胁，三区农会针锋相对，派出全副武装的农军，使得地主民团不敢妄动。

1926 年 2 月 26 日，广州市郊农民在石围塘广三铁路总站附近的夏重民纪念碑草坪举行万人大会，欢迎共产国际代表鲁易（印度人）、汤姆（英国人）等人。参加大会的广州市郊农会会员和配枪的农民自卫军共有 4000 人。会后印度代表鲁易称赞道："中国农民了不起。"广州市郊三区农会因大会在石围塘车站的范围，负有特殊任务，故广州市郊三区和广州市郊一区农会的会员和农民自卫军都全副武装参加了大会。

1927 年 1 月 3 日凌晨，广东机器工会进攻广三铁路总工会。市郊三区凤溪、秀水等乡的农民自卫军知道消息后立即前往支援，从背后包抄体育队，首次展现农民自卫军和工人纠察队联合作战的威力。

（三）裕安围党小组和农会、农民自卫军组织的成立

20 世纪 20 年代初，裕安围是一个仅有 40 多户农民、120 多人的小村庄。

裕安围农民协会和农民自卫军组织成立之前，裕安围的农民就加入广州市郊一区农民自卫军，参与平定广州商团叛乱与讨伐军阀陈炯明的东征，取得了胜利，巩固了广东革命政府。

广州市郊一区农会在芳村谢家祠成立后，芳村地区的农民运动迅速发展。裕安围的陈锦生、陈秋成二人，被选送到广东省农协干部培训班学习，觉悟不断提高。陈锦生在农干班加入共产党，成为裕安围第一位中共党员，其后党组织又发展了叶佳、梁添两位同志加入共产党，组成裕安围最早的党小组。

1925 年，黄谦以农民特派员身份，到裕安围开展活动。同年5 月 6 日，在黄谦的指导下，裕安围农民协会和农民自卫军同时成立，队员有陈秋成等 7 人，队长陈锦生。农民自卫军购买步枪30 支，队伍进一步壮大。裕安围农会成立后，首先领导农民开展抗交禾更（以稻谷代替差役的一种赋税）及苛捐杂税的斗争，把传统上要交的禾更全免掉，颗粒不交。

裕安围农会成立，推动了芳村地区的农会建设。在市郊一区农会的具体指导下，花地、招村、沙涌、南安、大桥等 20 多个农民协会相继成立，农会会员达到 1000 多户，并与南海县毗邻的农会连成一气，声势浩大。农会的壮大引起了地主豪绅的恐慌、敌视。1924 年 12 月 13 日，芳村地区的崇文两堡联防总局局长彭础

立，派人杀害市郊一区农会委员长林宝宸。1926 年，敌人强迫裕安围农民补交上一年的禾更，威胁取缔农会，并抓去了农友梁波。为了救护农友及保存革命力量，农会活动转为隐蔽，不少人离开裕安围暂避。裕安围经受了一次严峻的考验，半年后才逐步得到恢复。

荔湾工农参加广州起义

一、四一二政变后广三铁路工人的斗争

1927 年 4 月 12 日，蒋介石在上海发动反革命政变，大肆屠杀共产党人和革命民众。广州的新军阀也准备对共产党员和工农群众下毒手。中共广东区委觉察到形势的变化，布置各级党组织做好应变准备。

4 月 13 日晚，杨殷在位于十八甫的龚窝召集粤汉、广九、广三铁路的党员开会，研究对敌斗争方针。三条铁路的党员表示坚决执行中共广东区委捣毁铁路的指示，以阻止敌人调动兵力。4 月 15 日凌晨 3 时，国民党第五军军长李福林派一个营，第四军第二十师师长徐景唐派一个连包围了石围塘车站。广三铁路工人纠察队在总队长陈濂等带领下进行反抗，与敌人激战一个多小时。由于寡不敌众，工人纠察队在何根、邝少夫、王包的带领下撤退到南海大沥。工人纠察队总队长陈濂、中队长黄寿等 10 多名工人被捕，六七名工人被杀害。16 日，突围出来的 100 多名广三铁路工人集中在南海大镇张家祠。总工会负责财务的邓伟带来一笔公款，维持工人生活。敌人摧垮了广三铁路工人纠察队后，派出广东机器工会的李宝到广三铁路总工会任改组委员，企图进一步掌握、压制工人。但工人们没有屈服，他们破坏了多段铁轨，使广三铁路陷于瘫痪。

4月21日，中共广州市委成立，发动广州工人举行"一日总同盟罢工"，抗议国民党的血腥大屠杀政策。广三铁路工人响应市委号召，在当天中午罢工1小时。4月底，广三铁路总工会执行委员李羡涛通过交通员找到中共广州市委工委书记周文雍，汇报了铁路的情况。在周文雍指示下李羡涛等人回广三铁路工作，建立了地下党支部，因原支部书记陈志文已去香港工作，改由李羡涛担任书记，由周文雍单线领导。

二、工农武装在芳村筹备广州起义

1927年广州四一五政变后，工农武装纷纷转入地下，继续和反动派进行斗争。广州市郊一区农会的力量隐蔽在乡以下的农会基层，建立秘密交通联络站，继续与地主民团作斗争，并和南海、番禺一带的农军联系，组成工人赤卫队第六联。广三铁路秘密接头处，设在镇东直街22号的南山棺材店内。在这秘密机关工作的有卢龙、莫根、梁通、何根、邝少夫、陈筹等，还有担任运输军火工作的人员。在五眼桥设有军火转运站，负责人简洪。在凤溪村，农民部特派员负责人黄谦在杨汉围设立地下兵工厂，建了四间草房，下挖地洞，在里面修理枪支，制造子弹和手榴弹，为广州起义及武装农民自卫军做好准备工作。黄谦在芳村一位黎姓的华侨家花圃设立联络站，这也是芳村一带起义的指挥部。黄谦直接与广州起义工人赤卫队总指挥周文雍联系，选定五眼桥铁路一侧的碧华村（北丫），作为与南海县农民自卫军会师地点；约定听到起义枪声，立即率部响应。

芳村新隆沙内的竹绳店，也是党的秘密机关。在芳村河面，还有一艘大木船，作为机动秘密机关，是油印宣传品和临时集合之地。

三、荔湾工农武装参加广州起义

1927 年 12 月 11 日凌晨 3 时 30 分，广州起义爆发。第六联队在徐向前指挥下，兵分三路参加起义。第一路先攻克芳村警察分局，后渡过珠江与起义大军会合；第二路先攻克石围塘火车站，后渡过珠江与起义大部队会合；第三路攻占佛山普君圩，守住广州西大门。

12 月 11 日晚上，队长陈锦生带领队员 23 人（一说 24 人），经东漖到凤溪头集中，再到碧华与南海县农军会师。起义的枪声打响后，他们首先攻下了秀水（五眼桥）乡警察局，打死局长梁瓜耀，然后与铁路工人赤卫队一起，迅速攻占石围塘火车站。接着，陈锦生带领裕安围农民自卫军，渡过白鹅潭经黄沙进入广州城，与广州起义军并肩战斗。在攻占广州市公安局后，他们在公安局留守了两日两夜。广三铁路工人在黄寿、卢就、莫根等人发动下加入广州工人赤卫队第三联队，一同攻打市公安局和石围塘火车站。牛兴、卢就、卢根、卢福、陈苇、郑立、莫铎英勇牺牲。

广州起义中，广州市郊三区农会的陈锡、杨巨、杨种、杨标、赵牛、赵带等不幸牺牲。黄谦转移到香港，当选中共广东省委常委，1928 年 2 月被捕，6 月于广州红花岗英勇就义。

12 月 13 日下午，留守谢家祠的农会干部和农军，接到上级党组织通知，全部撤离谢家祠。裕安围参加起义的农民自卫军，穿过小巷或下水道离城，23 人都安全撤回芳村。广州起义失败后，国民党政府大抓"红带友"（参加起义者都佩红带），裕安围也在搜查范围。农军化整为零，除留下少数老弱外，青壮年及小孩都暂时撤离。

1928 年 11 月 17 日，在叛徒的带领下国民党军队包围裕安围。村内 9 名地下党员被捕，其中年龄最大的是 36 岁的梁添，最小的是年仅 18 岁的陈巨成。12 月 26 日,被捕同志在东较场被杀害。

广州起义是继八一南昌起义、湘赣边秋收起义之后,中国共产党领导的又一次武装起义。广州起义虽然失败了,但它是在革命的转折关头,为了挽救革命,为了粉碎反革命的猖狂进攻,积极英勇地向反革命势力进行的一次有力反击,为中国共产党彻底地认识军队的重要性提供了依据,为中国革命从城市转入农村,建立农村革命根据地,以农村包围城市,最后夺取全国政权的革命道路的开辟提供了经验教训。

第三章

敌后烽火逐日寇：抗日战争时期

　　1937 年卢沟桥事变后，中国进入全面抗战阶段，荔湾人民和全国人民一道奋起反击侵略者。在抗日民族统一战线的旗帜下，荔湾各阶层民众开展了轰轰烈烈的抗日救亡运动。1938 年 10 月广州沦陷后，荔湾子弟人无分老幼，地无分南北开展了各种形式的抗日斗争，荔湾地区成为广州乃至华南地区抗日斗争的重要组成部分。

第一节 在荔湾展开的抗日救亡运动

一、《救亡日报》在荔湾复刊

《救亡日报》于1937年8月24日在上海创刊，是上海市文化界救亡协会的机关报，是中国共产党领导的、以统一战线形式出现的报纸。社长郭沫若，总编辑夏衍。报纸广开言路，报道各党派各种政治力量的抗战主张，宣传坚持抗战、团结进步、反对投降和分裂，很多政治家、学者都纷纷为报纸撰稿。报纸深受读者喜爱，其影响遍及西南、华南及海外。

1937年11月上海沦陷后，大批文化工作者和救亡青年撤退到武汉和广州。而广州是一个对外，特别是对东南亚华侨宣传团结抗战的重要中心。为此，中共中央决定把《救亡日报》南迁广州，择地荔湾长寿路为社址。

1938年1月1日，《救亡日报》在广州荔湾复刊，社长还是郭沫若，总编辑依旧是夏衍。中共中央长江局指示，在党内，《救亡日报》由八路军驻广州办事处领导。周恩来对《救亡日报》的宗旨、方针作了明确的指示，指出"总的方针是宣传抗战、团结、进步，但要办出独特的风格来"。在与敌斗争方面，周恩来电报指示：在斗争方式方面，《救亡日报》必须争取公开合法。为贯彻周恩来的指示精神，社党组织不与当地党组织（中共广东省委）发生联系，也暂不吸收新党员，有事由夏衍和八路军驻广州办事处主任云广英单线联系。有难以解决的问题，则可去香港向廖承志或潘汉年请示。郭沫若抵广州后，即开展上层统战工作，取得广东当局的支持。当时在广东掌握军事实权的国民党将领余汉谋对《救亡日报》在广州复刊表示欢迎，并捐助了毫洋（广东的地方货币，1 毫洋折合国币 7 角）2000 元作为开办费用。八路军驻香港办事处主任廖承志对报社工作十分重视，经常指导报社工作。中共广东省委书记张文彬也派饶彰风以作家身份和报社联系并撰稿。《救亡日报》影响力日益增强，日发行量 1.2 万份。

当时，《救亡日报》没有印刷所，是委托《国华报》印刷厂代印；也没有发行机构，是委托《新华日报》驻穗发行所代办。所有投稿都不付稿费，报社工作人员也不支薪水，每月只发生活费。报社吸收华嘉、陈子秋、谢家因、蔡冷枫、欧阳山、草明、司马文森、黄新波等编辑、记者。《救亡日报》始终坚持团结抗战的立场，讲人民大众想讲而国民党政府不肯讲的话，讲《新华日报》不便讲的话，内容十分丰富，有诗歌、散文、演讲稿，形式多样。每周有绘画专刊，及时报道战况，在报纸的骑缝处有征集各地战况的广告。此外还有特稿专栏。1938 年 4 月 16 日，《救亡日报》第 191 期发表了宋庆龄、何香凝合写的特稿《拥护抗战建国纲领　实行抗战到底》。1938 年 5 月，广州遭到大轰炸。《救亡日报》连续发表了《广州在轰炸中》《把这旷世史上的惨剧记录下来》等文章，揭露日军灭绝人性的暴行。广州沦陷前夕，许多报纸相继停刊，但《救亡日报》还是坚持每天出版，动员全体工作人员上街卖报。直到 1938 年 10 月 21 日军逼近广州，报社工作人员散发了当天的报纸后，一行 12 人才徒步离开报社，迁往桂林。

《救亡日报》在广州复刊，影响巨大，使党在广州有了自己的宣传舆论工具，成为抗战初期党在广州抗日救亡最重要的宣传阵地，中国共产党的政治影响大为增强。

1938 年元旦，《救亡日报》登载郭沫若撰写的复刊词《再建我们的文化堡垒》。全文如下：

《救亡日报》随着东战线的烽火的炎上，自八月二十四日在上海创刊以来，集中了全国文化人的火力，向日本帝国主义进攻，足足抗战了三个月，终因军事上的战略的后退，在上海的刊行便中止了下来。

起初我们的计划本是打算在汉口复刊的，但念到广州在文化战线上所占的地位的重要，念到敌人每日都来肆行轰炸，企图溃灭我们这个枢要的据点，我们当得尽力加以保卫，更念到广州的文化界及其它各界的同胞们都热烈地欢迎我们，希望我们在这儿对于保卫工作有所贡献，因此我们便决心把我们这座堡垒，重新在广州建立起来了。

我们的态度是用不着再加声明的，已经有三个月的历史呈献在国人的面前，我们只有继续着以往的步骤，加紧地向前奋斗。总之，救亡就是我们的旗帜，抗战到底就是我们的决心，民族复兴就是我们的信念。凡是抗敌救亡的都是我们的战友，我们不分老幼，不分新旧，不分男女，不分上下，不分党派，不分阶层，在"团结抗战"的标帜之下，诚心诚意地为国家为民族而携手，而努力，而牺牲。

敌人是在尽力摧毁我们的文化的，所谓"灭国必先灭其文化"，敌人是有意识地在执行着这种毒狠的战略的。敌人不灭，祖国无由复兴。文化若亡，民族将永归沦陷。

朋友们，起来！准备着把你们的血球，把你们的脑细胞，作为砖块来建立我们的文化堡垒。准备着把你们的血球，把你们的脑细胞，作为炸弹去轰炸我们的敌人。我们要在文化战线上摧毁敌人的鬼蜮伎俩，肃清一切为虎作伥的汉奸理论，鼓荡起我们民族的贞忠之气，发起大规模的民众力量，以保卫华南门户，保卫祖国，保卫文化。[①]

二、广州儿童剧团的抗日救亡宣传活动

全面抗战开始后，在具有反帝光荣传统的荔湾，抗日民众团体如雨后春笋般兴起。1937 年七八月间，在广州荔湾的黄沙、逢源、陈塘等区域，陆续出现了少年抗日团体。

1937 年 9 月 18 日，一个由中国共产党领导的少年儿童团体——广州儿童剧团在广州市立第五十四小学（今梯云东小学）成立。剧团是一支抗日文艺宣传队伍，主要以宣传抗日为演出内容，并组织儿童开展抗日运动。剧团成立初期，团员 130 多名，年纪最小的才八九岁，最大的 14 岁。团长谈星（原名何承蔚），是党组织安排到市立五十四小学开展革命工作的党员，以教员身份作掩护。广州儿童剧团与上海的孩子剧团、江苏淮安的新安旅行团、厦门儿童剧团成为全国著名的儿童抗日团体。广州儿童剧团除演出街头剧，还演出舞台剧《孩子们》《古庙钟声》等。1938 年，广州各界发起了支援前线的献金运动，广州市区多处搭起献金台，由广州儿童剧团搭起的献金台尤为出色，孩子们在台上唱歌、演戏、喊口号，宣传抗日。1938 年 9 月，广州儿童剧团成立一周年，剧团在广州太平戏院表演独幕剧《海葬》，反应热烈。1938 年 9 月前后，侵华日军对广州实行大轰炸，广州形势危急。中共广州市委宣传部部长杨康华明确指示：广州儿童剧团已经是一个有相当影响的儿童救亡团体，这面旗帜要尽可能设法保持下去。经过秘密安排，广州儿童剧团被编入第四战区民众动员

---

① 郭沫若著作编辑出版委员会编：《郭沫若全集（文学编 第十八卷）》，人民文学出版社 1992 年版，第 237—238 页。

委员会辖下的战时工作队第五大队，撤离广州。随团撤离的团员共 19 人。

自撤离广州之后，广州儿童剧团在广东的西江、北江一带和广西各地辗转了整整 6 年。1943 年 11 月 26 日，受国民党顽固派迫害，剧团团员集体被捕并关进曲江的基庐监狱。经过一年四个多月的斗争，于 1945 年 3 月初集体成功越狱。其后，加入广东人民抗日游击队东江纵队北江支队打游击，继续抗日斗争。

广州儿童剧团，是抗日战争时期全国四大著名的儿童剧团中坚持斗争到最后的剧团。

三、叶剑英到广雅中学演讲

1938 年 5 月 5 日，八路军参谋长叶剑英到"制造民族革命战士的大工厂"广雅中学向 800 多名师生作题为《把握住抗战胜利的基本条件》的讲演。在讲演中，叶剑英详尽地分析了中日战争的国际、国内条件，指出我们进行的是反侵略的为争取民族解放及人类和平的战争，是有全国人民拥护、全世界和平人民援助的正义战争。尽管日军侵华让中国面临亡国灭种的危险，但叶剑英从更深远的角度分析说，抗战的生死斗争，推动了整个中华民族的进步：一是空前的抗日民族统一战线之形成，二是空前的政府的统一，三是军队的统一，四是抗战领袖的形成，五是政治部之建立。在演讲中，叶剑英就师生们最关心、迫切需要弄清的问题一个一个地作了深刻透彻的阐述和回答。叶剑英勉励广雅中学学生努力于中华民族的解放事业。演讲的最后，他说道："我们中国正如大海茫茫，今日中国的命运，正处在民族革命的高潮中。我们不是得到自由，就是在这波涛中沉没。但是，这个命运是由我们去决定的。青年的同志们，自己决定自己的命运。希望各位努力于中华民族的解放事业，求得中华民族的自由。努力前进！"①

　　叶剑英在广雅中学的演讲，深深地打动了与会数千师生的心，演讲多次被热烈的掌声所打断。青年学生听了叶剑英的演讲后，受到很大启发和震动，纷纷投入中共广东组织领导的抗日救亡运动中。同年暑假，他们组成工作队，深入广东各地农村，发动群众组织抗日团体和抗日武装队伍。不久，部分学生加入共产党和广东的抗日游击战争。

---

　　①　广东叶剑英研究会、中共广东省委党史研究室编：《叶剑英在广东》，中央文献出版社1996年版，第42页。

日本侵略者铁蹄下的荔湾

1938 年 10 月 21 日下午 2 时，日军机械化部队 3000 多人占领广州。10 月 23 日，侵粤日军主力侵入广州，大肆施放燃烧弹，市内大火燃烧三昼夜，广州城西南面烧成一片火海。十八甫、黄沙和文化公园一带，民居和商店被烧成废墟。荔湾人民从此生活在日本的铁蹄之下。

一、日军对荔湾的轰炸

1937 年 8 月 31 日，日军派出 6 架飞机首次进袭广州。此后，为封锁中国的海上交通线，至 1938 年 10 月 21 日广州沦陷，日军对广州市进行了长达 14 个月的狂轰滥炸。除军事目标外，日军还对铁路、学校、工厂、医院、住宅等民用设施进行野蛮轰炸，夺走了无数生命，摧毁了无数家园，对广州及荔湾造成巨大破坏。据统计，轰炸广州期间，日军在市区投弹 2630 枚，炸死 1456 人，炸伤 2926 人，炸毁房屋 2004 间。广州是当时受日机轰炸最严重的城市之一，其密度仅次于陪都重庆。

（一）日本对广州和荔湾的轰炸

日本对广州及荔湾的轰炸分为四个阶段：第一阶段，1937 年 8 月 31 日至 10 月 11 日，轰炸重点为广州市区。1937 年 9 月 22 日，日军飞机三次空袭广州，造成 20 余名市民伤亡、30 余间民房被毁。9 月 22—27 日，广州德宣、西山、惠福、西禅、东堤、前鉴、黄沙、石牌等地共落弹 59 枚，其中黄沙车站落弹 3 枚，造成重大财产损失和人员伤亡。

第二阶段，1937 年 10 月 12 日至 1938 年 1 月 31 日，重点转为摧毁广州的交通线。除粤汉、广九铁路外，位于荔湾的广三铁路段也被作为轰炸的重点。除此之外，也轰炸学校。1937 年 12 月 30 日 12 时许，10 架日机在广州西北郊用机枪向地面扫射，并向西村美华中学和协和女子师范学校连续投弹 10 余枚。美华中学中央楼办事处、教务处、成绩室、二楼生物课室、地下物理化学室遭炸毁。1938 年 2 月 13 日，日军重型轰炸机共 37 架次分 13 批从唐家湾等地起飞进犯广州等地，广九铁路、广三铁路等遭到创击。日军还用机枪向地面扫射，造成多名平民受伤。

第三阶段，1938 年 2 月 3 日至 5 月 26 日。在周边铁路基本被炸毁、对外交通瘫痪后，日军又将重点放到广州市区，轰炸次数也明显增加。只要天气条件许可，日军轰炸机每天都来，最多一天达 93 架。在这个阶段，日军不仅轰炸军事设施，对学校、民宅、商业区、工业企业也违反国际法进行轰炸。1938 年 4 月 10 日，日机轰炸广州西关及流花桥一带，毁房屋多间，其中缝纫厂死伤女工 100 多人。①

第四阶段，1938 年 5 月 28 日至广州沦陷。这一阶段日军对广州的轰炸，规模比此前更大，出动的飞机更多、投弹数量更大，每天轰炸的持续时间也更长。1938 年 5 月 29 日至 6 月 11 日，位于广州荔湾西村坭城的广州市新电力厂 6 次遭到日军飞机的毁灭性轰炸，导致机炉房屋顶及四周围墙全毁，电掣房屋顶、办公室大部分毁坏，一号锅炉毁损甚重，二号炉及二号透平发电机毁损，

---

① 广州市荔湾区地方志编纂委员会编：《广州市荔湾区志》，广东人民出版社 1998 年版，第 25 页。

二号发电机电缆接头匣电流电压方棚母线全毁，1.3 万伏母线被毁，一部分表件仪器及机炉内部遭毁。这间平时每日发电 11 万—12 万千瓦时的电厂，已无法修复，不能发电。6 月 8 日，日机 50 多架分批轰炸广州，在荔湾的美华中学、西村士敏土厂、西村电厂被炸，全市停电。

（二）广州及荔湾军民的反轰炸斗争

面对侵略者的狂轰滥炸，广州人民奋起抵抗。1937 年 8 月 31 日，日军 6 架飞机来袭广州。毕业于广东航空学校的邓从凯、黄肇濂起飞应战，在虎门上空各击落一架日军飞机。至 1938 年 5 月，驻粤空军击落及损坏的日机已有五六十架之多。

为了抵御日机的空袭、增强广东防空力量，国民党广东省政府成立了广东省航空建设分会。1937 年 8 月 19 日起，全省实行警戒及灯火管制。同年 9 月底，省政府饬令各县政府督促建筑防空壕，并派人宣传防空常识。11 月 16 日，由余汉谋、吴铁城发起的广东人民购（飞）机委员会成立，并筹设各县分会。

1937 年 7 月 17 日，广东各界成立广东民众御侮救亡大会。它是国民政府在广州成立的第一个救亡运动总指挥部，负责御侮救亡的宣传、调查、筹募、防护及战时一切服务等事项。在此之前，各界团体代表成立了广东省救护委员会，负责救护事宜。

荔湾境内的省立广雅中学，先迁顺德，后迁茂名。1939 年 3 月，改办为省立南路中学，再迁信宜。1941 年改回原校名。抗战胜利后迁回广州荔湾。广州师生通过内迁参与抗日斗争，学校内迁使得广州近代教育事业不至于完全毁于敌手，为抗战保存和培养了人才。

二、日军在荔湾的暴行

日军占领广州后，在占领区肆意烧杀、强奸、贩毒、劫掠，加强特务统治，推行奴化教育，还秘密进行惨无人道的生物战与化学战。

（一）日军的劫掠

1938 年 10 月 21 日下午，日军占领广州。从 22 日下午始，日军伙同汉奸开始在城内进行大规模的劫掠，所有大商店门窗悉被击破，大批商品被掠走。在劫掠的同时，浪人、汉奸四处纵火。沙面附近、黄沙等处火势甚烈，西关一带火势延及十七甫及十八甫之东段。大火一直燃烧了四五天，火势趋向西堤二马路，烧毁西堤戏院。大新公司（今南方大厦）全楼着火，直烧至嘉南堂西楼背后。源昌街、同文路、靖远路、豆栏街、仁安街等处也是大火漫天。城西之繁华区域，几有一半被焚，70% 的商店被烧掉，黄沙一带被烧成一片焦土，东堤也成一片废墟。西堤戏院，大新公司，十八甫北的合记酒家、华园酒家、玉波楼等茶室，随园、知利民、马玉山等饼店，文昌路口的西如茶楼、西南酒家（即今广州酒家），下九路的新国民影院、中山戏院等，均被付之一炬，尽成焦土。劫后所余的新式省营、民营工厂，几乎全被日军占据或劫迁。繁华的广州形同一座死城。美国驻广州总领事在其报告中描述了劫后广州的情形："1938 年 10 月下旬，在日本占领广州之前，实际上大部分人都逃走了，焦土政策破坏了整个城市。在此后的几个月里，广州变成一个只剩下几千苦力、乞丐和社会最下层人员居住的鬼城。"粤海关税务司的情报也记载了广州沦陷时所遭的劫难："人们会回想起，去年（指 1938 年）10 月中国军队撤退后不久，本市好几处，特别是沙面附近的商业中心被火烧了，加上刮季风，熊熊大火连续烧了整整三天，结果造成了本市空前的财产损失。"

（二）日伪的毒化活动

日本占领广州后，赤裸裸地利用地痞流氓和土匪之流的人物掌握地方权力，许以地方流氓维持治安，开设烟馆、赌馆、妓院，兑换钞票等特权，以期达到"以华制华"的目的。日军占领期间，广州市鸦片烟馆和赌馆林立，甚至街道上的走廊、人行道都可随意设立海洛因摊、红丸摊、牌九色仔赌摊，由此造成地方社会的糜烂。

1939 年 3 月，与华南日军特务机关关系密切的日籍台人陈思齐在十三行路国华银行旧址设立福民堂，独揽广州的鸦片专卖权。福民堂在广州设立"售吸所"多家，分销处 6 个，售鸦片所得绝大部分上交日军特务部，成为日军的特殊财源之一。

在日军的支持下，伪南海县财政科长曹某在十五甫正街开设"西区花坛"。在很短的时间内，西区花坛开设了数家妓院，四处搜罗贫苦无依的少女为日军服务。而长寿路、梯云东路等比较繁华的地方，则成了公开的赌博聚集区。

（三）日军的特务统治

为镇压广东人民的抗日活动，加强在广州的统治，日军在广州建立了多个情报机关。其中有广东宪兵队，属日军华南方面军宪兵司令部，驻广州市广大路，下设东、南、西、北、中区、水上、江南芳村 7 个宪兵分队。芳村分队队部位于今和平西路 138 号一带（原是李占记钟表店店主住宅）。

（四）日军的毒气战

"毒气战"现称化学战，是一种残酷的战争手段，国际上早已禁止使用。但是，日军置国际协定与道义于不顾，在侵占广州时秘密进行化学战，对广州人民造成极大的伤害。据不完全统计，日军在粤进行化学战达 40 多次，广州是其中的重点战场。

1938 年 6 月 3 日下午，日军飞机飞临广州上空时在沙面投放毒物。避难西堤一带的市民目睹了这一情形。有一海关工友被毒物击中面部，当场中毒，皮肤溃烂。参与施救的德国药房药师称，药物中含有有害物质。

（五）日军对地方的破坏

日军侵占芳村后，把上芳村的同安坊作为宪兵司令部，将大通寺拆毁，用其材料建起同安炮楼及几个碉堡，使这座千年古刹及古刹内的"大通烟雨"毁于一旦。昔日芳村有羊城八景之一的"大通烟雨"，花地有八大名园，故芳村花地是游览胜地。日军占据芳村后禁止一切游览和神诞活动，致使名园荒芜，花卉凋零。同时封锁所有渡口，只留一个渡口通往老城区。水上运输和捕鱼受到极大的限制。水上人家只好四处逃难，连黄大仙祠的道士都逃难到香港和澳门。由于战乱和粮食紧缺，芳村出现了饥荒。1941 年最为严重，曾出现饥民到"三维栈"仓库抢大米的事件（"三维栈"坐落在花地河岸边，专储粮食，以供应市内居民）。日军见饥民抢米，便用机枪扫射，不少饥民倒在血泊中。同安炮楼成为屠杀芳村人民的刑场。日军为了扩大同安坊的范围，以便控制花地河的出口，便借口防游击队活动，制造了火烧海傍街的惨剧。日军从大通寺起放火烧了整条海傍街。海傍街有许多店铺、山货仓及民居点，一时大火冲天，浓烟滚滚。日军不准居民救火，不少人葬身火海。大火一直烧了一日一夜，海傍街成了一片灰烬，无数居民无家可归。

花地村地处白鹅潭畔，与广州市中心区只一江之隔。珠江支流花地河流过村边，是昔日广州通往佛山南海船渡的必经之地。花地地处交通要道，是农副产品、"三鸟"（鸡、鸭、鹅）以及花卉的集散地，昔日商业繁盛，店铺林立，素有"小广州"之称。1938 年 11 月，广州沦陷时，花地繁华地区被日军放火焚烧，纵横一里多的店铺、工厂、仓库及以盛产花木闻名的八大名园，付之一炬，成为一片瓦砾。大火一直燃烧到海傍街、冲边街，连绵数百间的建筑物被烧毁，严重影响到铺主及工人的生活，饿死者不计其数。

在芳村大涌口的毓灵桥两岸，昔日店铺民居鳞次栉比，集市贸易兴旺。附近有日清仓和渣甸仓码头，每天有数百工人日夜搬运物资，带来了集市的繁荣。日军占领芳村后，占据了所有的码头、仓库，并把日清仓用来储存军用物资，且驻有日本海军陆战队把守，连同英荷壳牌油库也一并控制着。在石油仓库有数个高高的圆柱形的巨型铁罐，在夜间发出光芒，飞机上的飞行员，从老远的空中便能看见，故目标较大。为防盟军飞机和游击队袭击，日军强行把桥两端的 370 多间店铺、民居拆毁，用拆下的砖块在石油罐外围砌上砖墙，严密地包裹着油罐。这又使数百户的居民无家可归。

日军在芳村地区进行过几次大围捕。一次是在南漖村，日军以游击队躲在南漖村为借口，将南漖村四面包围，最后把村里 27 名年轻人拖到渡头杀害，把尸体扔进西江里。在芳村中市，谢姓祠堂有三间，南边那间为日军驻地。一天，日军外出巡逻，与游击队相遇，有两个日兵被击毙。汉奸唐贵便联合日本宪兵进行搜索，在北边谢氏宗祠搜出了国民党党旗和一批农会的号带，便认定谢家祠是游击队大本营，于 1939 年 6 月 30 日和 7 月 1 日两天，大肆逮捕中市谢姓族人。被捕者三四十人，被关进日军宪兵部的关押室，均遭严刑拷打和灌水等毒刑，无辜惨死的有 30 多人。

1939 年的一天，三个日军士兵突然窜到葵蓬洲杀鸡赶鸭、摘生果，后来兽性发作还追逐妇女。觉醒起来的群众见这些零星日军战斗力不强，正是消灭的好时机，于是立即组织战斗，开枪击毙了两个日军士兵，剩下的那一个逃脱回去报信，残暴的日军立即集合大队人马赶来报复。由于有党组织指挥，村民及时撤离，日军捉不到人，就放火烧村，烧掉了西滘两条街的房屋。

1940 年 4 月，日本海军陆战队占据协同和机器厂，在夜间听到枪声，遂以附近是游击区为名，将杏花直街一带 40 余间铺户拆毁。

1942 年 4 月 20 日，西关市区内发生抗日人员投掷手榴弹袭击伪警事件，三名伪警受伤。日、伪军警实行报复性拘捕，大批无辜平民被捕。

日本侵略者在荔湾的倒行逆施，使荔湾人民更坚定了与侵略者抗争到底的决心。

裕安围和凤溪的抗日斗争

　　裕安围、凤溪所在的芳村地区是战略要地，沿珠江和花地河岸有 32 个大小码头。码头上的仓库储存着石油、军械和粮食等战略物资，都有日军重兵把守。日军在各乡镇设立据点，并网罗一批土匪头目编入伪军中，以扩大外围力量来对付游击队。在敌强我弱的形势下，老区在党的领导下，在秘密的情况下艰苦深入地发动群众，建立地下抗日组织开展抗日救亡活动。

一、加入俊杰社进行斗争

　　抗战全面爆发后，吴勤在广州南郊开展抗日救亡活动。广州沦陷后的第二天，他率领 19 名热血青年逃出广州市区，在芳村地区组织起一支五六十人的抗日义勇队。为了使这支队伍取得合法地位，并得到武器和给养，吴勤征得广州市市长兼西江八属游击总指挥曾养甫的同意，把抗日义勇队改为广州市区游击第二支队（简称"广游二支队"）。1939 年 1 月以后，中共广东组织应吴勤的请求，派遣刘向东、严尚民等一批干部到广游二支队担任具体领导工作。1940 年 6 月，中共南番顺中心县委决定，由林锵云带领的顺德游击队一个中队，编入广游二支队。有了党组织的领导和支持，广游二支队的政治素质和战斗力大大提高。他们活跃在番禺、中山、顺德、南海和广州市郊一带，频频打击日伪势力。后来这支革命队伍发展壮大，于 1945 年 1 月正式宣告成立广东人民抗日游击队珠江纵队（简称"珠江纵队"）。

广州沦陷时，由于国民党军队大量溃退，且不少人弃械潜逃，因此有不少枪械流落在广州市附近各县乡村。这些枪械有些成为乡村自卫队的武器装备，有些则流落在地方实力派手里。

广游二支队司令吴勤和直属队党支部的同志看到这种情况，同时也看到沦陷时新造、南村、沙湾等地民众自发打击日本侵略者的战斗精神，认为只要有人把这些武装组织起来，就可以成为一支强大的抗日力量；反过来，如果不把这些武装力量组织起来打击日军，就会被敌人利用来对付我们。有鉴于此，吴勤在1939年春，号召南（海）番（禺）顺（德）花（县）三（水）等地武装，包括地方实力派，凡是愿意抗日守土保乡的都要组织起来，团结抗战，成立一个广泛的抗日群众组织，取名"抗日俊杰同志社"（简称"俊杰社"）。俊杰社是抗日民族统一战线性质的半武装的群众团体，总社设在番禺大石乡留春园。吴勤兼任社长，林俊兴、何文灿任副社长，委员有何福海、戴启堂、黄成、李公侠，何福海兼任秘书长。俊杰社按乡村成立分社，分社设正副社长。俊杰社的社员多数是农民，其中不少是大革命时期的农会会员，少数是地方实力派成员。

俊杰社成立后，社员深入农村开展群众工作，宣传党的抗日方针、政策，组织群众开展抗日武装斗争，动员青年参军，吸收先进农民加入中共组织，建立农村党支部。在他们的努力下，几个月时间，俊杰社就在禺南、南海、顺德、三水、花县、广州近郊先后成立了50多个分社，拥有数千名社员，并在南海县平洲设立南（海）三（水）花（县）指挥部，在多地设立秘密交通联络站。凤溪也成立了分社，这是芳村第一个抗日群众组织。原基任分社长，社员有杨润、卢瑞荣、彭满、卢少亨等数十人。随后，裕安围也成立俊杰社分社。

1939 年 7 月，吴勤带领 600 多名俊杰社社员攻打南海盐步的伪军据点。芳村地区各分社都有社员参战，凤溪分社的原基、原恒等人参加了战斗。随后，吴勤又指挥 600 多名俊杰社社员攻打芳村东漖的伪军据点。原基、原恒带领凤溪分社部分社员参加战斗。1940 年 9 月，俊杰社芳村分社社长梁才仔带领武装社员在三山河面伏击日军船只，俘获日军汽船两艘，毙伤和俘虏日军数十人，包括一名少尉山本正男。后来，这批日军俘虏由俊杰社总社派员押至国统区，交给国民党当局处理。俊杰社在敌后打击日伪，得到了国民党广东绥靖主任余汉谋和广东省主席李汉魂的嘉勉。

二、党组织的成立与发展

1939 年，广游二支队党组织负责人刘向东、严尚民派支队中的共产党员黄友涯、张日青到凤溪村开展工作，主要任务是把凤溪村建成广州抗日的前哨根据地。

黄友涯到凤溪村后，与俊杰社社员、广游二支队外线队员杨润接上关系，在杨润的耕围里搭了一个茅草棚作为立足点，在芳村开展革命活动。1939 年 11 月，黄友涯发展杨润加入中国共产党。入党仪式在黄友涯住的茅草棚里举行，由黄友涯监誓。杨润是芳村地区在大革命失败至抗日战争时期凤溪村第一名新发展的共产党员。

1940 年 1—2 月，凤溪村成立了党小组。杨润任组长，党员有原挺、叶树、杨亨。同年 11 月底发展了彭棠入党。黄友涯是第一任分管凤溪工作的区委领导，他以中共珠江三角洲中心县委、南（海）番（禺）区委（简称南番区委）宣传委员的身份，常驻芳村，领导凤溪的抗日活动。

广游二支队后又派黄友涯、梁铁二人，秘密到裕安围开展抗日活动。那时裕安围民众的生活极端困苦，被恐怖的气氛笼罩着。

在大革命时期，裕安围有 9 位共产党员被捕，在广州东较场就义。从 1927 年至广州沦陷，裕安围三次遭土匪洗劫，几十户村民中有 12 名儿童饿死或被卖掉。面对困难的局面，黄友涯深入农民家中，与农民兄弟一起种菜、捉虾戽鱼。他先住在农民叶意家中，公开说是叶家的老表，后在叶培家的草棚顶上居住。每处住上几天或一个月，就转移到新的地方居住。裕安围的农民全是佃农，有些还是先烈的后代，在黄友涯的串联发动下，他们都积极行动起来开展敌后抗日斗争。后来裕安围办起了小学，黄友涯和梁铁以教师身份作掩护，工作开展更顺当了。

1942 年 8 月中旬，因附近村村民告密，唐贵派出伪军把裕安围四面包围。伪军把村民集中在一起，然后逐家搜查，搜出一支左轮手枪，黄友涯也被搜出。唐贵随后把裕安围看更用的几支枪及黄友涯一起带走。

黄友涯被捕后，陈恩和叶培立即派人将情况报告广游二支队，又与群众商量紧急营救的办法。裕安围群众派出代表，向西塱和麦村富有人家借了 50 担谷，派人送与唐贵，请他放人。党组织还通过关系，请在芳村、南海一带有影响力的李公侠进行斡旋。李公侠写信给唐贵，说明黄友涯是一般百姓，促其放人。因身份未暴露，又经多方营救，被关押了 12 天后，黄友涯于 8 月 26 日获释。所借的 50 担谷，裕安围全体农民自愿按所耕田亩数分摊，用了两年时间才还清。

黄友涯获释后，当夜乘小船回到番禺。黄友涯回到广游二支队后，郑少康非常感谢裕安围的干部和群众。当知道裕安围的枪支全部被没收后，他立即叫人送去四支枪和一些子弹给裕安围村民。临别时，黄友涯向护送他的农民托话："要坚持斗争，我们的抗日战争一定会胜利！我们还会带着武装队伍回裕安围，共同抗日！"

黄友涯回部队后，上级党委派肖志刚到芳村区主持工作。1942 年 10 月间，杨润按上级党组织的通知，到平洲圩一间客栈与肖志刚接上关系后，马上带肖志刚到凤溪村。在凤溪村，杨润向肖志刚汇报了凤溪党组织开展对敌斗争、开展群众运动的情况。

1943 年 8 月，因肖志刚工作调动，芳村地区的工作改由何干成接任。在杨润的帮助下，何干成迅速全面接管了芳村的地方党组织，直到 1945 年 9 月何干成才调离。

继何干成之后，芳村地区中共组织的负责人是周锦照（吉叔）。周锦照在 1945 年 3 月至 1946 年 2 月任中共番禺特派员，在 1945 年 6 月接管芳村工作。但他不是常驻芳村的直接领导人，而是与杨润、叶树接上关系就离开芳村，具体负责领导芳村党组织工作的是丘子平。

1945 年 1 月，丘子平以教师身份为掩护，来到凤溪村负责芳村党组织的工作。家住凤溪村的谢达生是广游二支队的外线情报员，经常出外做生意，常去沙坪、九江跑小买卖，当地及附近地方的人对他比较熟悉。中共南番区委利用谢达生的社会关系，让丘子平化名蔡上宁到凤溪当老师。

丘子平到凤溪，任务之一就是加强党建工作。经过整顿学习，1945 年 2 月凤溪成立了党支部，丘子平任支部书记，杨润任组织委员，叶树任宣传委员。在主持凤溪工作期间，丘子平发展了青年农民彭灶入党。至此，凤溪党支部有共产党员 6 名：丘子平、杨润、叶树、杨亨、彭棠、彭灶。

1945 年 5 月，因谢达生执行任务途中被汉奸唐贵枪杀于西滘，而丘子平的公开身份是谢达生的朋友，丘子平被迫撤离凤溪村。丘子平离开凤溪后，由杨润任党支部书记。

三、在党的领导下坚持抗战

面对残暴的日军，老区人民开展了有组织的抗击侵略者的斗争。凤溪村在抗日战争时期是广游二支队的一个秘密据点，在那里建立了党支部和武装民兵，牵制了敌伪的力量。凤溪村的中共党员，既是战斗员，又是宣传员、组织员，他们将军事斗争与政治斗争结合、公开斗争与隐蔽斗争结合，广泛开展联系群众、揭露敌人、搜集情报、锄奸反特、破坏日伪统治秩序、瓦解伪军、发展秘密武装等工作，直至建立两面政权，形成隐蔽根据地，把日伪统治的凤溪村变成打击敌人的前沿阵地。

（一）宣传、发动、组织民众和减租减息

芳村日伪势力强大，中共所进行的宣传、发动、组织群众的工作，只能以隐蔽的方式进行。散发抗日传单、张贴抗日标语，是发动群众的一种方式。负责到顺德西海领取文件和传单的秘密交通员，是凤溪村少年叶斌。叶斌 13 岁时（1941 年）由黄友涯吸收输送到广游二支队当交通员，他的主要任务是定期到西海抗日根据地领取文件，再将文件送到平洲联络点交给郭汉其，到赤岗联络点交给李公侠，回凤溪村交给杨润。各联络点的负责人收到文件后，按照文件的指令，分头执行战斗任务。

凤溪党支部负责在五眼桥、花地、盐步、芳村等地散发和张贴传单，同时发动谢巨、杨雄等群众中的积极分子一起投入散发传单的战斗中。散发传单的手法多种多样，有从各家各户的门缝插入的，有在街中心显眼的地方张贴的，有放在猪肉台上的。传单由广游二支队党组织刊印，有定期出版的《抗日旬刊》，内容有抗日游击队的捷报，有抗日口号，有为民除害枪毙清乡特务分子的除奸告示，有警告土匪、伪乡保长们的《约法八章》，等等。

由于工作人员机智、沉着、勇敢，事前准备得比较周密、细

致，因此每次大规模散发传单都没有失过手。传单很快在芳村各个角落传开，群众都说共产党昨晚又来芳村了，整个芳村为之震动。日伪急忙派出人马到处撕毁传单，同时加强岗哨，到处搜索，但终究毫无收获。当日伪稍微松口气，抗日传单马上又出现，使那些平日飞扬跋扈、为非作歹的汉奸走狗惶恐万分。广大群众则喜形于色，拍手称快。

广州沦陷后，日军为了战争需要，拼命抢夺粮食，加上广东遇到大旱，田地失收，粮食奇缺，农民无法交田租。地主收租却到了不择手段的地步。他们把无法交租的佃农种植的果树砍光抵租，树砍光了再不交租就扒瓦拆房。最后，连床板、小木板也抢走（当时山区有抗日游击队活动，日军怕群众上山与游击队联系，便封锁山区交通，居民生活用柴不能从山区运来，广州木柴售价高涨，所以地主专门抢木头抵租债）。对一无所有的佃农户，就收回其所耕种的田地。

在这严峻的关头，凤溪村党组织及时发动佃农起来与地主进行针锋相对的斗争。针对地主收回的主要是田地，党支部就在农田上做文章。首先由几户积极的佃农带头，在两三亩即将被收回的农田上，撒上捣碎的玻璃片，与泥土拌和，使外人不敢租用。地主收回哪一块田，玻璃片就撒向那一块田。地主慑于人民群众的力量，被迫放弃了收回耕地的做法。

与此同时，芳村区党组织执行"在农村实行减租减息"的土地政策，领导村民开展了向地主减田租的斗争。在凤溪，每亩田的田租率高达45%，农民深受剥削。党支部趁着游击队在芳村附近袭击日伪军，展开了一场减田租的群众运动。具体做法有两种：一种是按田地土质的情况，向地主提出不同程度的田租减免；另一种是视当年庄稼长势好坏提出减田租。在党支部的组织和领导下，部分原来有顾虑的群众也敢于向地主提出减田租的要求。地主慑于党组织的力量和日益觉醒的群众，只好答应农民要求，对不同的田地作了不同程度的减租。在执行"减租减息、退租退押"为中心的群众工作中，凤溪基层党支部取得了显著成绩。

（二）建立两面政权

凤溪位于广三铁路沿线，是广州至三水线上的一个点。而凤溪靠近广州，距离白鹅潭约 3 千米。河涌纵横，进出靠小艇，外人一般很难进入，这是一个开辟根据地的理想地方。凤溪党支部成立后，在广游二支队直接领导下，把凤溪建成了隐蔽的抗日根据地。

由于凤溪靠近广州市，不能公开建立抗日村政权，党组织转而以"外白内红"的形式来开展工作。日伪在葵蓬洲只设一个保，分管西滘、凤溪两个村。凤溪党组织对伪保长冯百祥采取控制、架空、教育的策略，经常向他家投放抗日传单，使他认清形势，不与人民为敌。因此，从 1939 年到广州解放，冯百祥不敢过问凤溪的事情。凤溪村下设三个甲，甲长分别是谢长、郭湘、冯亨。谢长是广游二支队游击小队队员谢达生的弟弟，党组织安排他出任甲长，为的是便于了解敌情，掌握村政权。郭湘是果农兼修伞工人。冯亨家业中等。党组织通过谢长做他们的工作，凤溪政权实际由凤溪的中共组织掌握。

（三）输送青年参军，发展秘密抗日武装

为了壮大抗日武装部队，凤溪党组织动员青年参军，先后为广游二支队输送了周榕、叶斌、原景等优秀青年入伍。

叶斌 13 岁时由黄友涯吸收为广游二支队的交通员。1942 年，日本侵略军对抗日游击区大举"扫荡"，战事吃紧。叶斌随部队去了番禺，在大山和大石一带打游击，其间正式加入部队。在部队期间，叶斌由战士成长为副班长，继而被调进当时令人羡慕的特种部队（俗称"鬼仔队"），并加入了中国共产党。

原景到广游二支队参军时，大家都知道部队生活艰苦，物资缺乏。为了支持原景入伍，彭棠筹了两担谷，卖掉后购了两套衣服和一些日用品送给他。原景没有辜负凤溪群众的期望，在广游二支队锻炼成为勇敢的机枪手。

凤溪群众在党组织的领导下，建立了抗日武装民兵组织。武装民兵的主要负责人是支部书记杨润，队员有彭灶四兄弟、叶树两兄弟、原恒两兄弟、彭棠两兄弟。建队时仅有步枪两支。在广游二支队支持下，民兵组织获拨步枪四支。彭棠后来自己筹钱买了一支新步枪，加上原有两支，共有步枪七支。用这七支步枪武装起来的凤溪民兵，逐渐在凤溪建立起敌后抗日根据地。

（四）老区坚持数年艰苦抗战

广州沦陷后，国民党对芳村抗日的领导几乎空白。为了抓好在广大农村开展敌后游击战的中心任务，党组织先后派遣多位党员干部到芳村地区建立联络站、收集情报、购买物资、输送人员、传递文件，为抗日部队服务。芳村各级基层党组织，在动员、组织、领导广大民众进行抗日斗争中发挥了重要作用。一时间老区抗日烽火四起，人民战争威震敌胆。

凤溪村成立民兵组织后，第一个战斗计划是摧毁日伪南海县九区区长梁镇龙的老巢。这个巢穴是日伪设在葵蓬洲的据点，梁镇龙把据点建成一座带花果园的别墅，除了雇工佣人外，还有一个班的伪军，配备轻机枪一挺、长短枪一批。为了加强战斗力，保证凤溪民兵袭击战的胜利，广游二支队派了一个手枪班秘密潜入了步滘，准备配合发动突袭。但在战斗发起前两天，友军击毙了梁镇龙，袭击计划因而停下来，改为采取政治攻势去瓦解伪军。凤溪民兵四出放出风声："梁镇龙已被打死，下一步是攻打梁镇龙的老巢了！"消息传到敌人据点内，伪军惊恐万状，等确证梁镇龙已死后，伪军马上撤回盐步。凤溪民兵在中共党组织领导下，不费一枪一弹，瓦解了伪军，拔除了敌据点。

在葵蓬洲胜利拔除敌伪据点，进一步巩固了凤溪根据地，但也引起芳村的日本侵略军的注意。他们获悉抗日游击队就在凤溪村内。1943年春，敌伪唆使土匪对凤溪进行侦察性袭击。这股土匪有二三十人，配有机枪。土匪接近彭灶所住的耕围时，凤溪民兵发现敌情马上投入战斗。经过半小时激战，土匪被打退。凤溪党组织的抗日活动逐渐在芳村地区造成影响，提高了党在老区的威信，但也暴露了凤溪有抗日武装，特别是杨润成了日伪搜捕对象。

1944年，日军开始转入战略防御。在中国战场上，八路军由分散作战开始向集中作战，由游击战开始转向运动战，抗日战争开始向战略反攻阶段过渡。

日军面临失败，荔湾的敌伪更是垂死挣扎，他们加紧了对抗日组织的破坏和对抗日人士的迫害。1945年春，日伪再次唆使土匪30多人夜袭凤溪村，重点是杨润所住的耕围。民兵发觉后，马上集中力量阻击。虽然他们只有7支步枪，其余皆持大刀梭镖，但作战勇敢，特别是珠江纵队第二支队（广游二支队于1945年1月编入珠江纵队第二支队）撤回村的机枪手原景和手枪队的叶斌，他们富有战斗经验，枪法准确，打得土匪不敢抬头，只好撤退。凤溪民兵再一次有力地保卫了根据地和凤溪人民生命财产的安全。

1945年5月13日，芳村中市人谢世康接到赤岗村谢聪的通知，到五眼桥伟记饭店与凤溪的谢达生、原基和叶树等人会合，一起到南海找邹八娣联系，接受新的战斗任务。但不料消息事前已被芳村伪自警团侦悉。伪团长唐贵派出手枪队，并勾结了平洲大土匪鱼仔水（花名）、西滘土匪黎政、滘表土匪李基等一共20多人，将谢聪、谢世康、谢达生（三人均是珠江纵队战士）捆绑后枪杀。赴约途中的原基、叶树得到消息，改道避开才幸免于难。

在抗战中，荔湾很多共产党员为了党的事业而献出了生命，他们的牺牲激励着更多党员和战士不断战胜困难，把抗战进行到底。在荔湾，由于共产党员不怕牺牲忘我工作，把农民组织起来，从防匪、防奸到开展抗日工作，使荔湾的抗日根据地一天比一天巩固。黄友涯、李公侠、原基、李庆均、梁兆亨、何福海、张日青、梁铁、曾宪猷、陈立光、何干成、丘子平、肖志刚等中共抗日干部和抗日人士多次在凤溪接头，布置工作或接受任务。凤溪党支部和民兵担负起保护他们安全的任务。

1945年6月间，珠江纵队第二支队和番（禺）顺（德）督导处接上级命令，要抽调一批在广州南郊、番顺的留守人员继续北上转移，挺进五岭建立根据地。由于原来的农村交通线被敌人切断，转移人员只能取道广州。广州是日伪统治的心脏地区，警戒特别严，随时都有危险。上级党委把这重任交给了凤溪党支部。支部书记杨润和支委叶树冒着生命危险，把经过化装的挺进队伍数十人，经过广州市区安全带到目的地小榄，会合南（海）三（水）大队北上。最危险的一次是杨润带着十几名游击队干部，装扮成一群进城打苦工糊口的乡下农民，夜宿广州大同路的一间小旅店，遇到日本宪兵搜查。杨润机智地与日本兵周旋，最终化险为夷。

在抗日战争中，荔湾人民在中国共产党的领导下抗日寇反汉奸的斗争从来未间断过，尽管遭到侵略者多次报复，但荔湾人民始终未屈服过，革命的火焰越烧越旺，共产党的影响更加深入人心。

1945年8月15日，日本宣布无条件投降，中国人民的抗日战争取得全面的胜利。在党的领导下，荔湾人民在抗日斗争中写下了光辉的一页。

4

第四章

反蒋抗征迎解放：解放战争时期

  抗战胜利后，荔湾见证了中国共产党与国民党就东江纵队北撤所进行的艰难、曲折、复杂的谈判和斗争，也见证了充满革命精神的广东人民在艰苦的条件下坚持的敌后战争。在党组织的领导下，老区人民继续战斗，直至广州解放，为中华民族的解放事业添上了光辉的一页。

第一节 国共两党在荔湾达成东江纵队北撤协议

一、军调部第八执行小组的成立

1943 年 12 月 2 日，广东人民抗日游击总队改编为广东人民抗日游击队东江纵队（简称"东江纵队"）。司令员曾生，政治委员尹林平。东江纵队是共产党领导下华南敌后战场一面鲜红的抗日旗帜。1941 年底日军占领香港后，曾生带领游击队，配合廖承志把 800 多位民主人士、文化界人士和国际友人，从香港秘密转移到内地安全区，在国外产生很好的影响，受到了中共中央和海外反法西斯人士的一致称赞。抗日战争期间，东江纵队在敌后广泛开展艰苦卓绝的游击战争，沉重地打击了日寇。

至 1945 年 8 月抗战胜利，东江纵队"由初建时的几百人增至 11000 余人，先后建立了东莞大岭山、宝安阳台山、惠宝边坪山、江北罗浮山、北江东岸、惠东、陆海丰抗日根据地及港九、清（远）英（德）边、东江上游等抗日游击区。开辟解放区总面积约 6 万平方里，人口约 450 万，成为华南敌后抗战的一支重要力量"。[①]

1945 年 8 月 15 日，日本宣布无条件投降。8 月 28 日，毛泽

---

① 朱姝璇：《东江纵队北撤谈判全记录》，《百年潮》2014 年第 9 期，第 46 页。

东与周恩来、王若飞等中共高层代表团从延安飞往重庆，与国民党当局开展和平谈判。经过 43 天尖锐复杂的磋商斗争，国共双方于 10 月 10 日签订了《政府与中共代表会谈纪要》，即双十协定。双十协定第九条中规定："中共愿将其所领导的抗日军队由现有数目缩编为二十四个师至少二十个师的数目，并表示可迅速将其所领导而散布在广东、浙江、苏南、皖南、皖中、湖南、湖北、河南（豫北不在内）八个地区的抗日军队着手复员，并从上述地区逐步撤退应整编的部队至陇海路以北及苏北、皖北的解放区集中。"中共中央就此决定东江纵队等广东人民武装北撤山东。

　　然而，中共为了避免内战、维护国家和平所作出的政治让步，完全没有得到国民党当局的善意回应。国民党广州行营主任张发奎按照蒋介石"长江以南不在停战协定范围之内，贵行营辖区内残匪希加紧清剿，限期清肃"的密令，[①] 拒绝承认广东境内中共领导的包括东江纵队在内的人民武装之合法性存在，[②] 声称广东无中共部队，只有零星土匪。国民党明确制定了三个月内将华南人民抗日游击队"清剿"完毕的方针，决定以国民党军部分主力配合地方保安部队，以"网形合围""填空格"等战术，重点对东江、北江等中共控制的根据地进行"扫荡"。[③] 在此期间，国民党广东当局调集 7 个师，并纠合地方团队、伪军，总共 7 万余人，

---

　　① 《蒋介石给张发奎电》，原件存广东省档案馆，转引自方志钦、蒋祖缘：《广东通史》（现代下册），广东高等教育出版社 2014 年版，第 1003 页。

　　② 《张发奎口述自传——国民党陆军总司令回忆录》，当代中国出版社 2012 年版，第 326—327 页。

　　③ 中共广东省委党史研究室编：《中共广东党史大事记》，中共党史出版社 1993 年版，第 274 页。

在飞机的配合下，向东江、北江等解放区大规模进攻。①

面对国民党军接管两广后集中重兵步步紧逼的态势，中共中央早在 9 月 10 日即致电中共广东区委书记、东江纵队政委尹林平，指出在坚持原地斗争困难较大的情况下，应"分散转移与采用秘密方法去坚持斗争，其余小部队则原地就地坚持，很好组织革命两面派斗争，并分散大批人员到城市工作。如此尚可保留武装与干部"②。亦即以"坚持分散，保存武装，保存干部"作为东江纵队新的斗争方针和首要任务。9 月 19 日，鉴于南方革命根据地形势日趋恶化，中共中央作出"向北发展，向南防御"的战略决断，要求长江以南各省人民武装迅速调整部署，实行战略收缩与撤退，在全面内战爆发前尽可能地保存实力。

据东江纵队司令员曾生回忆，在国民党军的大规模进攻面前，东江纵队大量的部队分散在粤北、赣南、湘南和东江的江北、江南、江东 40 多个县的广大地区，与敌人展开了艰苦的斗争。"在斗争中，指战员们经受着极其艰难困苦的考验，频繁连续的行军作战，战斗减员和伤病员增加；没有正常的物资供应，生活极为艰苦；一部分指战员思想上存在着不少问题，非战斗减员相当严重。"③

不只在广东，在华北和东北解放区，国民党军队与中共武装部队之间的军事冲突也愈演愈烈。面对抗战胜利后不久国共全面内战一触即发的严峻形势，美国担心自身在中国的利益和美苏之间二战后在远东亚太地区的战略平衡被打破，总统杜鲁门于 1945

---

① 刘敏：《让步，为了全国的和平——东江纵队北撤》，《红广角》2013 年第 1 期，第 39 页。

② 中共中央文献研究室编：《刘少奇年谱》（上卷），中央文献出版社 1996 年版，第 244 页。

③ 《曾生回忆录》，解放军出版社 1992 年版，第 441 页。

年 12 月委任马歇尔为驻华特使，负责"调处"国民党与共产党的关系，调停一触即发的国共全面内战。① 由于国民党尚未完成全国范围内的兵力调配和部署，发动内战的准备工作还没有做好，大批部队还没有到达前线，向山东、华中、陕北等部分解放区发起的军事挑衅又被中共武装击退，因此国民党被迫接受了美方马歇尔的"调停"和中共提出的无条件停战建议。1946 年 1 月 5 日，国共双方达成了关于停止国内军事冲突的协定。1 月 10 日，双方下达停战令。根据停战协定，由中共代表周恩来、国民党代表张治中和美方代表马歇尔组成三人委员会（简称"三人小组"），并由三方派出代表在北平组成北平军事调处执行部（简称"军调部"），负责调处国共双方的军事冲突，监督双方对协定的贯彻执行。

然而，国民党统治集团坚持"假停战、真内战"，借停战行缓兵之计。在停战令下达的同时，蒋介石密令国民党军队迅速抢占战略要点，并不断调动部队"蚕食""进剿"各解放区。面对这一现实，军调部先后派出 36 个执行小组到内战最激烈的各地区进行实地监督和调解，负责广东方面的是第八执行小组。"该三人小组由中共首席代表方方少将，国民党代表黄维勤少校，美方代表米勒上校组成，小组主席由米勒上校担任。"② 1 月 25 日，第八执行小组抵达广州，驻地选在沙面，具体地点在今沙面大街 68 号的一座红砖瓦三层小洋楼"西红楼"。

从 1 月 25 日双方开始接触到 5 月 21 日双方达成最终协议，东江纵队北撤的谈判斗争前前后后持续了 4 个月。双方最后达成

① 杨新新：《从发展华南到向南防御——抗战结束前后国内国际政局与东江纵队北撤》，《党史与文献研究》2017 年第 9 期，第 26 页。
② 《曾生回忆录》，解放军出版社 1992 年版，第 450 页。

了广东中共武装北撤山东烟台的具体协议，这是军调部派出的所有执行小组中唯一成功的谈判。

二、舆论战迫使国民党重回谈判桌

面对国民党否认广东境内存在中共武装，妄图通过"剿匪"名义秘密消灭东江纵队的罪恶阴谋，中共代表方方立即针锋相对地予以驳斥，并与执行小组其他成员一道亲赴东江地区实地调查。由于国民党从中阻挠破坏，因此执行小组到达东江地区后依然无法直接与东江纵队接触。方方多次建议邀请东江纵队司令员曾生、政委尹林平到广州参加谈判，均遭到国民党广东当局的无理拒绝。① 在此情况下，周恩来、刘少奇先后代表中共中央致电尹林平和曾生，指示他们设法与方方取得联络，并向他们指明"坚持自卫原则下的武装斗争与开展停战和平的攻势相结合"的斗争策略。

方方想方设法摆脱国民党特务的跟踪，与中共广东组织取得联系，并整理出《关于国民党军在近一个月内多次进攻东江解放区的报告》，秘密发给了叶剑英和周恩来。1月31日，新华社发表了华南人民抗日游击队发言人的谈话，一针见血地指出：广东国民党当局此举"是企图掩饰近几个月来大举进攻中共军队及摧残解放区人民的罪行"。2月6日、7日连续两天，周恩来紧急致函国民党代表张治中交涉东江纵队问题，指出"广东方面国军进攻我东江纵队事，迄今尚未停止。请转知军令部迅电张发奎，速即履行停战协定并协助执行小组执行调处"。

2月15日，香港《华商报》发表了中共广东区委发言人的重

---

① 朱妹璇：《东江纵队北撤谈判全记录》，《百年潮》2014年第9期，第48页。

要讲话，"用铁的事实阐明广东境内中共领导的武装部队确实存在"。此后，新华社和《华商报》多次发表谈话和声明，驳斥张发奎的无耻谰言，督促广东国民党当局履行停战协定，停止对华南抗日纵队的进攻与污蔑。

由于中国共产党人的坚决斗争，也由于民主人士的同情和声援，国民党当局不得不改变态度。3 月 12 日，重庆三人委员会给驻广州的第八执行小组传来电报，确认东江纵队为中共部队，以曾生为负责人。国民党广东当局否认广东省有中共部队的阴谋宣告失败。

为使谈判取得更大成效，督促谈判成果切实得到落实，周恩来代表重庆三人委员会建议重庆方面再派一个军事代表团赴广州协助第八执行小组工作。军事代表团依旧采用三方架构，由中共代表廖承志、国民党代表皮宗阙、美方代表柯夷组成。3 月 31 日，三人军事代表团随同张发奎、尹林平一道从重庆返回广州，随即与在沙面的第八执行小组人员会合，重启东江纵队北撤的谈判。

三、沙面谈判：国共达成东江纵队北撤协议

1946 年 3 月 31 日至 4 月 2 日，三方代表在广州沙面的红楼里，正式就东江纵队北撤的有关事宜进行谈判。

根据现有的文献史料和当事人本人及后人的回忆录，参与这次重大谈判的主要人员名单如下。

中共方面：重庆特派军事代表团代表廖承志；军调部第八执行小组谈判首席代表方方；东江纵队司令员曾生；东江纵队政委尹林平；东江纵队对敌工作科科长、女翻译官林展；副官彭丰；通信官戴机、林立。

国民党方面：广州行营主任张发奎；广州行营代表王衡；谈判副代表凌志民；军调部第八执行小组代表黄维勤；三人军事代

表团代表皮宗阙等。

美国方面：军调部第八执行小组主席米勒；三人军事代表团代表柯夷等。

4月2日，广州行营与第八执行小组就东江停战和东江纵队北撤问题签署了联合决议。决议的主要内容是：（1）广东省内的中共武装人员2400人在大鹏半岛集中，用美国轮船运往山东烟台；（2）中共武装人员集中和登船准备，从第八执行小组派人出发调查之日起，时间为1个月，如需宽限日期，要呈报三人委员会决定；（3）在中共武装人员集中大鹏半岛期间，驻大鹏半岛附近的国民党军队应后撤若干距离，以供中共武装人员集中；（4）中共武装人员集结及行军、登船过程中，广州行营应令其所属不得有任何攻击行为，保证中共武装人员的安全；（5）中共武装人员集中转移过程中，广州行营同意借款给他们购粮，并同意在运输、医疗等方面给予一切可能的协助；（6）为执行上述协议，第八执行小组应派出东江以南、东江以北和粤北三个联络小组赴上述三个地区调查，协助中共武装人员集中登船，联络小组均由国民党、共产党和美国三方的代表共同组成；等等。

4月3日，尹林平和曾生经香港到达广州，住在沙面原苏联领事馆红楼二楼。我方人员一入住就被国民党特务监视起来，谈判人员还屡次受到国民党军警的无故盘查与威胁，多亏方方和米勒出面解围才避免事态升级。"在红楼院子门口，国民党设有个岗哨，名曰保护，实则限制和控制中共代表的行动自由。谈判期间，国民党人员两次潜入我方代表住处，破坏电台，企图中断中共谈判代表与中央、北平、重庆的联系。"[1] 廖承志返回重庆时留

---

① 王玉珍：《沙面红楼与东江纵队的军调岁月》，《红广角》2016年第1期，第54页。

下的电台又被国民党特务破坏，方方将情况告知米勒，请求利用美军电台发报给军调部。用美方的电台不能用密码，还要用英文。这时候通晓中、英、日三国语言的东江纵队对敌工作科科长、女翻译官林展就派上了用场。林展将电文译成英文，交米勒签字后经美方电台发出，国民党方面对此也无可奈何。

谈判人员在与国民党的斗争期间不忘暗中宣传共产党进步的政治理念和马克思主义思想，尽量争取国民党谈判人员的配合与支持。就在沙面红楼里，国民党谈判副代表凌志民（新中国成立后改名为凌志明）被方方和林展策反。凌志明出身黄埔军校，在南京国防部工作，对国民党政府的腐败一直不满。凌志民作风正派，除谈判之外只埋头读书，沉默寡言。林展通晓英文与日语，凌志民向她请教学习外文。利用这个机会，林展赠送《新民主主义论》《论联合政府》等书籍给他看。① 凌志民的思想开始进步，最终被争取过来，为谈判期间我方的通信和对外联络提供了便利。

4 月 18 日，经过中共谈判人员的反复争取、斗争，在 4 月 3 日协议的基础上，中共终于与国民党广州行营就有关东江纵队各部队集结地点、国共军事分界线、北撤部队行军路线、使用通信器材等问题达成初步协议，并发表了第一号新闻公报。②

协议书面文本虽然达成，但真正执行起来却困难重重。由于国民党当局别有用心地"顽固滋扰"，协议中很多具体细则条件对中共来说是不利的。比如当时广东境内人民武装有 1 万多人，协议只准撤走 2400 人，这意味着大部分武装人员仍然要留在广

---

① 林展：《回忆东纵北撤谈判斗争片段》，中共广东省委党史研究室、广州地区老游击战士联谊会编：《东江纵队北撤斗争纪实》，1996 年，第61—62 页。

② 《曾生回忆录》，解放军出版社 1992 年版，第 462 页。

东。人民武装散布在全省几十个县，方圆达 1800 多平方千米的广大地区，而当时交通和通信非常落后，要求在一个月的时间内集中起来完成北撤，是十分困难的。但为了维护来之不易的谈判成果，面对国民党设置的诸多苛刻条件，中共方面顾全大局，自始至终忠实地履行了协议。国民党当局不但不准备履行协议，而且故意从中作梗，为东江纵队北撤设置一个又一个障碍，阻止东江纵队撤离，准备一个月的期限一过，立即对人民武装发动进攻。

方方敏锐地觉察到国民党想通过拖延谈判把东江纵队主要领导人困在沙面红楼、困在广州，然后趁东江纵队群龙无首之际向东江解放区发动进攻，以期在东江纵队集合完毕之前就将其一网打尽的阴谋。为了粉碎国民党"假和谈，真内战""先消灭，再摊牌"的美梦，经过与中共广东区委和东江纵队负责人研究，"方方决定他和东江纵队司令员曾生留在广州与国民党当局继续谈判，而纵队政治委员尹林平则以治病为名取道香港，由香港回解放区领导、指挥部队，采取谈判桌内与桌外相结合的斗争方式，挫败国民党当局的阴谋"。①

要顺利落实协议条款，安全地完成东江纵队北撤的政治任务，除了暗中争取国民党内部进步人士的支持外，获得美国谈判代表米勒的首肯与配合也至关重要。按照协议，美国代表担任第八执行小组的主席，米勒的态度对于有争议的问题的解决无疑是一个关键。米勒本人再三表示，他在调处工作中将站在公平正义的立场上，不偏袒国共任何一方。方方等人多次与米勒交谈（曾生和林展均会说英文），使他了解中国共产党的方针政策，了解中国共产党人对国内外形势的看法，争取他能公正地处理国共两党之

---

① 卢宁：《方方与东江纵队北撤》，《党史研究资料》1994 年第 11 期，第 13 页。

间的矛盾。在方方等人的努力争取下，虽然米勒的信仰、政见与共产党人不同，但在处理国共两党之间的矛盾时，基本上还是客观公正的。他的居中调停为东江纵队的安全北撤提供了有利条件。①

在一切准备就绪，东江纵队即将按计划路线和时间表北撤时，国民党又横生枝节、出尔反尔，拒绝按照协议向东江纵队北撤提供除口粮款外的置装费、伤病员治疗费、复员人员安置费等费用。方方向国民党方面提出抗议，并与美方谈判代表交涉，又及时向在重庆的周恩来和在军调部的叶剑英汇报情况。周恩来、叶剑英出面干预调解，通过"以粮换款"的方式向国民党作出一些让步，同时迅速从南京、上海等地寄来一笔专款，有效地解了东江纵队的燃眉之急。

1946 年 5 月 21 日，经过前前后后历时近 4 个月反复、尖锐、复杂、曲折的舆论斗争和谈判斗争，克服了国民党设置的重重阻碍，中共谈判代表团终于在沙面红楼与国民党广州行营就东江纵队北撤山东烟台的所有问题达成最终协议，并发布第二号新闻公报。最终协议规定：北平军调处第八执行小组"五月二十五日派出三个支组出发到（东）江南、（东）江北和粤北解放区，调处中共军队北撤的各项工作；又规定广州行营发给我方复员费三亿七千五百万元（旧法币）……至于米粮方面，广州行营同意沿途拨借。"②

5 月 22 日晚，国共双方在荔湾沙面历史悠久的胜利大厦（今

---

① 卢宁：《方方与东江纵队北撤》，《党史研究资料》1994 年第 11 期，第 14 页。

② 《曾生回忆录》，解放军出版社 1992 年版，第 464 页。

广东胜利宾馆①）举行社会名流和各方媒体的记者招待会，介绍东江纵队北撤谈判的具体情况。张发奎和国民党广州行营参与谈判的一众人员均到场参加，中共方面由方方和曾生列席。在记者招待会上，方方和曾生代表东江纵队表示"一定要忠实执行协议，同时也希望广东当局以大局为重，言行一致，为共建和平作出贡献，并希望美方代表和各界人士监督协议的实施"②。

5月23日下午，国共谈判双方以军调部驻广州第八执行小组的名义，发布第三、第四号新闻公报，公布了东江纵队北撤山东烟台最终协议的主要内容。至此，全面内战爆发前，国共两党及居中调停的美国三方在沙面的一段一波三折、惊心动魄的谈判角力，终于在各方的共同努力下获得一个比较圆满同时又来之不易的成果。

1946年6月，东江纵队胜利北撤胶东解放区的同一个月，蒋介石集结国民党正规军的优势兵力向中共控制下的中原解放区发起大规模军事进攻，全面内战正式爆发。北撤部队从此归属中国人民解放军华东野战军的建制。1947年7月，中央军委正式决定以北撤的东江纵队为班底成立中国人民解放军两广纵队（简称"两广纵队"），两广纵队随即参加了豫东、济南和淮海战役等大规模战役，为中原地区的解放事业作出了贡献。1949年3月，两广纵队转隶第四野战军（东北野战军），奉命南下解放两广和华南地区。9月，两广纵队重返东江地区，在粤北龙川县与三年前

---

① 胜利宾馆是沙面租界的首家酒店，也是广州第一家英式酒店，由英国人于1885年建成。最初名为"沙面酒店"，1895年改名"维多利亚酒店"。日本占领广州时称"兴亚会馆"，抗战胜利后改称"胜利大厦"。1957年改为"广东胜利宾馆"，由郭沫若题写宾馆名。在20世纪80年代广州白天鹅宾馆建成之前，胜利宾馆是广州比较高档的几家迎宾馆之一。

② 《曾生回忆录》，解放军出版社1992年版，第465页。

没有北撤留守广东、后来重新组织起来的粤赣湘边纵队会师，组成解放广州的南路军，配合兄弟部队解放了广州，终于圆了北撤时要"打回老家去、解放全广东"的愿望。①

东江纵队北撤任务的胜利完成，不但为中国人民保存了一支久经考验的革命力量，从而增强了解放战争时期人民军队与国民党军队进行决战的力量，而且也使中国共产党在政治上赢得了主动。沙面谈判和东江纵队北撤全过程又一次以有力的事实证明，中国共产党是讲信义的，对自己签署的协议是忠实履行的。为了避免全国内战、维护和平，为了中国人民的根本利益，共产党人克服重重困难，作出了巨大的让步，赢得了中国人民的信任与尊敬。正如方方在东江纵队北撤慰问信中写的那样："你们为了全省全国的和平，……终于决然毅然冲破一切困难——不怕牺牲，不怕艰苦，毫无反顾的英勇的集中北撤"，"不管中国的反动分子在积极发动内战，……我们能够坚决站在人民一起，和平一定要实现的！"②

东江纵队胜利北撤，是第八执行小组中共谈判代表团不卑不亢对国民党斗争的成果，是以东江纵队为首的广东人民武装革命必然走向胜利的序曲。从沙面谈判开始到广州解放，短短三年多的时间，广东人民革命武装由弱到强，由战略性北撤到南下解放全中国，这充分说明中国共产党代表中国人民的根本利益，是最广大中国人民的历史性选择。

在东江纵队北撤部队即将登船时，南粤父老从各地赶来，依

---

① 王曼：《北撤凯歌——东江纵队北撤斗争纪实》，《广东党史》2006 年第 3 期，第 30 页。

② 钟紫：《回忆东江纵队北撤》，《惠州学院学报》1981 年第 1 期，第 45—46 页。

依不舍地送行道别，祝子弟兵们一路平安。战士们情不自禁地唱起了《北撤进行曲》。正如歌词中所唱的那样："为了广东的和平，离开了战斗的故乡，我们要奔赴新的战场！辞别了亲人，告别了战友，漂过海洋到遥远的北方……"[①] 三年后，当他们军容整齐地重新踏上南粤大地时，面对的将是一个崭新的广东和充满希望的中华人民共和国。

---

① 谢志平：《亲历东江纵队北撤》，《广东党史》2006 年第 5 期，第30 页。

荔湾爱国民主运动高涨

在东江纵队北撤后三年多的时间里，留守广东的共产党组织与充满革命精神的广东人民一道，在非常艰苦的条件下坚持国统区敌后的游击战争，同时在广州等大城市秘密发展党员、壮大党组织的力量，反对国民党政府的反动统治，为迎接荔湾、广州和全广东的解放做了充分准备。

国立第二侨民师范学校（简称"侨二师"）是一所旨在培养到海外执教的华文师资队伍的学校，由爱国华侨领袖陈嘉庚倡议创办。侨二师从1942年诞生至1949年被撤销，前后只存在了七年时间。学校初创在粤北，由于日本帝国主义扩大侵略，被迫辗转迁徙，抗战胜利后迁回广州荔湾。

时局动乱，学生们的生活异常艰苦，但却锻炼出同学们艰苦奋斗、勤奋好学、团结友爱、坚强不屈的优良传统。而学校当局的贪腐，则越发激起了同学们的反抗情绪。

解放战争时期，中国共产党广州地方组织委派党员李颖群考入侨二师，后来又派黄莳华、唐北雁负责联系指导该校开展革命斗争，发展党的外围组织——爱国民主协会（后称地下学联）。此后侨二师的学生更加积极，开展进步的读书及文艺活动，反对国民党政府贪腐及对进步人士的迫害。1948年秋季起，学校当局逐渐减少甚至全部停发膳食费，造成学生多次断炊。为反对国民党当局摧残教育、迫害学生，在党组织的领导下，全校学生愤然罢课，并于1948年12月15日开展"断炊拍卖"斗争。拍卖团共分四路，每路三四十人，学生将拍卖的衣物挂在大板车上，以"断炊拍卖"的大横幅为前导，向市区进发，进行"反饥饿、求生存"的宣传。过路群众纷纷伸出援助之手，在社会上引起很大的震动。他们一连两天走上街头，拍卖衣物、书籍，擦鞋、卖花，并散发《断炊拍卖告社会人士书》，同时派代表到广东省教育厅请愿。国民党当局迫于社会舆论的压力，不得不同意以"暂借"的办法初步解决断炊问题。18日，侨二师的学生在省港各大报纸上发表《断炊拍卖结束告社会人士书》，宣告胜利复课。这次斗争成为中国共产党领导的在广州的第二条战线斗争的重要组成部分，是党的群众路线的重大胜利！

经过革命斗争的洗礼，侨二师在校400多名学生中不少骨干加入了中国共产党，100多名同学加入了地下学联。随着人民解放战争的胜利推进与第二条战线斗争的蓬勃发展，国民党反动当局十分害怕，于1949年7月宣布立即停办侨二师，校产由广雅中学接管，一些同学被转到其他学校。

在这种情况下，中共广州地下组织将有迫切要求的学生100多人转移到全省各游击区支援农村的武装斗争，苏丹（女，又名陈逸平）、李路（女，又名李洁容）、关川（陈恒光）、吴润初（吴其占）、肖亦任（肖开伦）、庄鎏（庄栈贤）等六位同学为人民的解放和新中国的诞生而英勇牺牲。留在广州的同学也不畏艰险，根据党组织的指示继续进行地下斗争，或打入敌人内部收集情报，或到工厂、学校，参加护厂护校迎接解放的工作，为广州的解放贡献出青春与力量。

新中国成立后，在西村大岗元原侨二师的校址上，先后设立过广东省第一师范学校、广州市师范学校、广州市第二师范学校、广州市第三十中学。2006 年更名为广州市陈嘉庚纪念中学。

　　1998 年 12 月，在纪念侨二师"断炊拍卖"50 周年之际，广州市在原侨二师校园内立起一座纪念碑，以纪念这所学校的光荣革命传统和革命英烈。

第三节 荔湾迎接广州解放

为迎接解放战争的胜利，中共广东地方组织做了很多准备。在广州的荔湾和原芳村地区有几处党的秘密活动据点。

一、在赤岗村建立秘密党支部

东江纵队北撤前的 1946 年初夏，中共广东区委派遣林绍义和宋瑛回到广州芳村，在赤岗小学（今何香凝纪念学校）以教师身份从事秘密工作。宋瑛的丈夫杜路，担任过中共南海县特派员①、南（海）三（水）花（县）工委书记，常借探妻为名来赤岗小住，直接领导这个秘密据点的工作。在赤岗，三人因为工作结识了地下党员易巩。易巩（原名梁植涛，曾用名梁韵松、梁亦拱，新中国成立后曾任中国作家协会广东分会副主席）早期已积极投身革命文艺活动，曾被国民党判刑入狱 10 年，经受过严峻的考验。易巩是南海县海心沙乡赤岗②（今广州市荔湾区东漖街道海南村）人，有他的支持协助，便于党组织在芳村地区开展工作。1947 年，赤岗小学招收教师，杜路、宋瑛夫妻和林绍义便转移到

①　为加强对国统区革命斗争的领导，当时中共广州市委决定把芳村地区划归南海县委领导。

②　国民政府 1935 年整编区乡后，海心沙乡、龙溪乡、秀水乡属于南海县第三区。海心沙乡包括增滘、西浦、东石（东联、石湖）、南村、菊树、赤棉（赤岗、棉村）等小乡。

赤岗小学，组成三人党小组，建立新的秘密工作据点。

易巩回乡后将主要精力放在义务兴办学校、为党培育人才上，同时以此为掩护，支持赤岗小学秘密据点的工作和活动。他的妻子钟美也自愿到学校担任低薪教师。由于前任教师迂腐无能，把学校办得像私塾，村中群众很不满意。林绍义、宋瑛等接手后，对学校进行了必要的整顿和改革，认真把学校办好，改变了群众对学校的不良印象。教师们教学认真，严格要求学生，学生成绩不断提高，思想品德也有明显进步，逐步取得了家长、学生、村民和乡上层人物对学校和教师的信任。

在教学中，共产党员教师重视政治思想的教育，常在语文课中有目的地选用评议时弊的文章，如借《苛政猛于虎》《卖柑者言》《捕蛇者说》等古文，评今日之弊，引导学生认识到国民党政权的腐败，认识到祸国殃民的政权必然垮台、必为革命政党所取代的历史大势。学生逐渐受到影响，对中国共产党产生了好感。新中国成立后，一部分学生主动参加建政工作，有的报名参军，有的加入区委领导的武工队。

过了一段时间，为了进一步面向群众、教育群众，教师们开办了成人夜校，免费招收文盲、半文盲的青年入学，除开展识字课或设置适合成年人学习的课程，同时注意时事、形势教育，还教唱革命歌曲。教师忙不过来时，就动员高年级的优等生教识字课。如此不仅赢得了当地群众的好评，还和贫下中农交了朋友，为巩固赤岗村党的秘密据点及后来成立地下农会打下基础。①

与此同时，教师们在各村广交朋友，扩大共产党的影响。学

---

①　林绍义：《回忆解放前党在赤岗村的活动》，《芳村文史》（第四辑），1992 年，第 22—23 页。

校建立了两支队伍,一支是由学生组成的童子军队伍,另一支是由学生组成的篮球队。两支队伍不定期走出去与各村联系,进行友谊比赛,扩大了赤岗小学党支部的影响,也促使各村学校来赤岗回访、参观指导。教师们还举办过学生成绩展览会、学生运动会、游艺晚会。如儿童节晚上,师生同台演出进步话剧《一袋米》,女生演出歌舞《插秧谣》和合唱革命歌曲等。这样既丰富了乡村的文化生活,也锻炼了学生文艺表演的才能。

1948年7月,中共南海县盐(步)里(水)区临时工委成立,沈石林任书记,林绍义任宣传委员,杨润任组织委员。这是南海县第一个区一级党组织,隶属中共南海县特派员。中共广州市委派杜路任南海县特派员,任务是恢复党的组织,发展进步力量,开展地下斗争。杜路上任后,马上接收了隐蔽在南海县境内的中共党员的组织关系,恢复了共产党在国统区的活动。1949年4月,根据新形势发展需要,成立中共南(海)三(水)花(县)区工委,杜路任书记。同时,撤销盐里临时工委,成立南三花三河区工委,张荆略任书记,杨润、林绍义继续担任组织委员与宣传委员。至此,芳村地区设有区一级组织机关——南三花三河区工委。下属基层党支部有凤溪村党支部、赤岗村党支部,共有中共党员16人。[①]

1949年5月间,赤岗村党支部在赤岗小学成立,林绍义兼任支部书记,支部委员有宋瑛等,易巩也于此时正式加入中国共产党。中共赤岗党支部成立后,赤岗小学成为中共南三花区工委的据点,主要工作以宣传群众、组织群众、武装群众准备迎接解放为中心。南三花三河区工委成立及南海县召开的几次区工委会议,

---

① 郭展图:《对敌斗争的故事》,《芳村文史》(第九辑),2004年,第50页。

都在赤岗小学举行。

二、召开芳村地区全体中共党员会议

1949 年初夏，人民解放军完成渡江战役后迅速向华南地区挺进，在广东的国民党反动派迎来了末日的疯狂。这时芳村地区的对敌斗争仍处于秘密活动之中。4 月，杜路以中共南海县特派员、南三花区委书记的身份参加了中共珠江地委扩大会议之后，连夜匆匆赶回赤岗小学的家中。经过缜密的工作后，杜路决定在 5 月秘密召开芳村地区全体中共党员会议，地点在赤岗小学校内。

在历时三天的会议上，首先由杜路传达解放战争取得节节胜利的好消息。他说："从 1948 年 9 月起到 1949 年 1 月底，历时只有四个多月，但中国共产党所进行的辽沈、平津、淮海三大战役的战略大决战都取得辉煌的胜利。人民解放军向华南地区挺进从而解放全中国，已是指日可待的事！"大家听后十分振奋。杜路继续说："毛主席在为新华社写的新年献词中，发出了'将革命进行到底'的伟大号召，揭露了美蒋玩弄和平的阴谋，指出必须用革命的方法，坚决、彻底、干净全部消灭一切反动势力，最终实现在全国范围内建立无产阶级领导的、以工农联盟为基础的人民共和国。"特派员的形势介绍和分析，使到会党员无比兴奋，个个摩拳擦掌，要为迎接广东的解放做最后的斗争。接下来杜路分片传达了珠江地委扩大会议精神，布置具体的斗争策略和任务，动员全体党员为迎接解放做好准备。与会者对完成任务充满信心，并对如何完成进行了周详、巧妙的安排，会议一直开到深夜。会后，与会者借着夜色掩护，急匆匆地上路，赶回各自的战斗岗位，准备进行战斗。

1949 年七八月间，通过个别秘密串联的方式，成立了赤岗村地下农会，第一批会员有黄佳利、陈炳、陈海等五六人。赤岗党支部和地下农会以"南三花人民游击队"的名义大量印发革命传单，由黄佳利等乘夜划小艇到附近各村散发张贴，使党的政策和革命大好形势及时传到广大群众中去，解除群众的疑虑，使群众加深对人民解放军的认识。在调查、搜集附近平洲镇恶霸"太岁斌"的实力和活动情报后，农会会员黄森带民兵控制住"太岁斌"和他的几个爪牙。这一波强大的政治宣传攻势，使国民党乡政人员和土匪恶霸万分震惊，惶惶不可终日。他们昔日横行乡里的嚣张气焰也被人民解放军迫近的消息所压制。

此时中国人民解放军第四野战军和第二野战军第四兵团（划拨第四野战军指挥）正兵分三路，自湖南、江西边境向广东境内进军。以叶剑英为第一书记的中共中央华南分局所发布的《告广东人民书》，号召全省人民紧急动员起来，支援人民解放军解放广东。因此中共南三花区工委发出指示，组织开展政治攻势，使广大芳村人民了解到解放战争正节节胜利的大好形势，认识党的政策，鼓舞人民团结对敌、迎接解放。同时，借以打击和瓦解敌人，为迎接解放营造一个良好的政治环境。为迎接解放，方便解放军顺利进入芳村地区追歼敌军，赤岗党支部还进行了地形勘察、绘制地图等工作，对人民解放军进入芳村所需船只和登陆码头等进行登记、调查和准备，为人民解放军顺利接管芳村地区做了有效的基础工作。

三、在光复北路建立秘密活动据点

早在抗日战争时期的 1942 年二三月间，地下党员郑鼎诺以代课教员身份进入基督教万善堂办的万善小学（光复北路芦荻西街50 号，现基督教万善堂内），秘密开展工作。郑鼎诺被聘为正式教员后，以万善小学为立脚点进一步开展工作。

1943 年，根据斗争需要，党组织决定郑鼎诺接受洗礼加入教会，继任为学校教导主任。1944 年春，郑获教堂执事会推举担任万善小学校长。身份的提升，更有利于他开展党的工作，为建立红色据点打下良好的基础。此后，党组织先后调派地下党员何婉莹、吴兴文、肖佩芳进入万善小学，分别任教师、总务和教导主任。

到解放战争时期的 1947 年，万善小学的十多名教职员工中，从事地下活动的共产党员及思想进步的青年已占 70%。万善小学逐步成为党组织开展地下斗争的秘密掩护场所。地下党员在这里印制、运送各种宣传品，配合党组织在国民党统治区的地下斗争。中共广州地下组织的负责人余美庆也曾在这里隐蔽、生活过一段时间。1948 年，党组织调郑鼎诺到游击区参加武装工作，由肖佩芳接任校长职务。

1949 年夏秋之际，随着解放军日益迫近广州，万善小学的党员加班加点赶印各种各样的宣传品。其中《告广州市民书》向全市人民告知广州即将解放，人民解放军纪律严明，全市人民应坚守岗位，保护国家财产，警惕反动派破坏活动。这份传单印发后，在广州市内流传，得到了广泛的响应，起到了稳定民心的作用，为迎接广州解放作出了贡献。

四、秘密油印站印刷进步刊物

1948 年 9 月，中共广州地下组织在广雅中学书库建立秘密油印站，创办进步刊物《广州文摘》。

1949 年中国人民解放军胜利强渡长江后，为迎接广州解放，扩大党的影响力，党组织决定扩大《广州文摘》发行量。1949 年 5 月后，《广州文摘》刻印工作迁至更为隐蔽的广州西关留庆新横街 19 号。那是一幢别墅式的楼房，主人陈孔杰为"地下学联"成员，其父是一名国民党将领（解放前夕率部起义）。《将革命进行到底》《论人民民主专政》《中国人民解放军布告》等文件和新华社的许多消息都在这里完成印刷。这些油印品在宣传党的方针政策和迎接广州解放的革命工作中起了重要作用。

五、解放战争时期的凤溪和裕安围

解放战争时期，凤溪村党组织继续战斗，直至广州解放，为中华民族的解放事业写下了光辉的一页。

（一）开展反"三征"斗争

1947 年 1 月，国民党为进行全面内战，在农村大量征募壮丁、征集粮食。为应付庞大的军费开支，国民党开征名目繁多的苛捐杂税，滥发钞票，造成社会经济停滞，物价飞涨。

裕安围和凤溪革命老区的农民和全国大多数地区一样，承受繁重的租税及恶性通货膨胀，处于极度贫困之中。根据国统区内的形势，1947 年 2 月中共中央发出《关于在蒋管区的工作方针和斗争策略的指示》，提出"在斗争中要联系到、有时要转移到经济斗争上去，才能动员广大群众参加，而且易于取得合法形式。有了经济斗争的广大基础，也易于联系到反特务反内战的斗争上去"。

散布在各个乡村的芳村地区共产党员，坚决执行中央的指示精神，以正当职业（多为教师）为掩护，开展秘密的宣传发动工作，向学生和家长传播反"三征"迎解放，树立为生存而斗争的思想。对国民党的地方政府下达的"三征"数额，由争取减免到拖欠，继而逃避兵役，并揭露国民党的征收人员摊派过重，舞弊勒索等行为，从消极对抗到经济反抗过渡，进而使用武力抗缴，使"三征"无法进行，有力地打击了国民党地方政权。其中凤溪村在杨润等人的指导下，在反"三征"斗争中成效最大，影响最广。

凤溪村反"三征"斗争的第一步是不缴交所征的捐税，第二步是成立以党员为骨干，有进步群众参加的农民自卫队，把群众组织起来，赶走征税人员。结果凤溪村长期不缴税，个别较胆小的农户也只交了应缴数额的三分之一。直到广州解放，征税人员再也没到过凤溪村。党领导的反"三征"斗争取得了显著成效，有力地打击了国民党统治，保护了人民群众的利益，壮大了革命力量，为迎接广州解放打下了基础。

（二）迎接荔湾、芳村地区的全面解放

从 1948 年 9 月起到 1949 年 1 月底，历时四个多月的辽沈、淮海、平津三大战役的战略大决战胜利后，政治形势已经十分明朗。4 月 21 日，毛泽东和朱德发出人民解放军向全国进军的命令。从 1949 年 4 月 23 日至 5 月 20 日，人民解放军先后解放了南京、上海、武汉、杭州、苏州、九江、南昌等一大批大中城市，国民党节节败退。7 月，解放军的前锋已逼近华南，广东战役发起在即。

由于广州的党组织做了大量工作，发动了工人护厂、学生与教职员工护校、警察起义坚守岗位迎接解放军，在 10 月 14 日政权易手时荔湾城区基本没受破坏。西村地区的水厂、电厂、水泥厂等工厂与省立海事专科学校等院校均保留完好。仅黄沙码头附近，10 月 14 日傍晚，解放军四十三军一二八师三八二团围歼来不及渡河并负隅顽抗的国民党第五十军第一〇七师的 2000 余人，缴获 100 多辆军车。

国民党统治时期，在荔湾地区设有沙面、长寿、陈塘、西禅、逢源、黄沙、南岸等 7 个区公所与警察局，有西山、太平两区的部分地域也属荔湾地区。10 月 14 日当天，部分警察起义，留守警察局，移交枪械，迎接解放军。解放军接收了各区警察局。

芳村地区全体中共党员会议召开后，各位党员借着夜色，赶回各自岗位，为迎接广州的解放作出应有的贡献。由林绍义任指导员、杨润任副主任，负责管辖芳村地区的"南海支前指挥部第三指挥所"马上在凤溪公开挂牌成立，芳村地区的共产党员和民兵骨干立即带武器到指挥所报到。他们戴上由杨润发给的红臂章，擦拭手中的武器，准备执行新的任务。晚上 10 时，30 多名整装待发的"红臂章"围坐在微弱的油灯前，静听林绍义宣布中共三河区工委的指示：在解放军对旧政权实行军事管制前，负责芳村地区的武装巡逻、监视土匪恶霸、保护公共事业和人民生命财产安全。杨润随后宣布具体分工、分组名单。

10 月 21 日，中国人民解放军广州市军事管制委员会（简称"广州军管会"）派军代表接管芳村、崇文两个区公所。11 月 15 日，芳村、崇文两区公所合并成立芳村区。自此，芳村始成为直属广州市的区一级行政单位。

荔湾、芳村地区和广州、广东乃至全中国的胜利解放，是勤劳勇敢又富有革命精神的荔湾、芳村人民同全中国人民一道长期坚持抗争、努力奋斗的必然结果。从 1921 年 1 月陈独秀到荔湾西村增埗"红色甲工"传播马克思主义开始，到 1949 年 10 月广州解放，包括凤溪、裕安围革命老区人民在内的广大荔湾和芳村人民始终同中国共产党同呼吸、共命运，同反动军阀和日本侵略者浴血奋战，用热血和忠诚谱写出一曲慷慨悲壮的红色赞歌。历史的车轮滚滚向前，不可阻挡，但英雄的事迹却从未远去。谨此向 1921—1949 年所有为广东和中国革命事业献出宝贵生命的荔湾、芳村先烈们致以最崇高的敬意！新中国的诞生是对他们革命理想的最好实现和告慰。

战火硝烟的革命年代已经过去，任务同样艰巨、挑战同样巨大的新民主主义过渡时期和社会主义建设探索时期即将到来。正如毛泽东在《忆秦娥·娄山关》中的名句"雄关漫道真如铁，而今迈步从头越"所昭示的那样：在经历 28 年光辉的革命岁月之后，1949 年 10 月深秋的地平线上，南粤大地新升的朝阳普照出一个崭新的中国，正等待新一代共和国骄子们去建设。

第五章

砥砺奋斗众求索：社会主义革命和建设探索时期

伴随着 1949 年 10 月 1 日新中国成立和同月 14 日广州解放，荔湾和芳村地区迎来了黎明的曙光。荔湾人民在党的领导下成为社会主义新家园的主人翁和社会主义现代化建设的主力军，在 1949—1978 年的 30 年间令荔湾发生了翻天覆地的变化。

社会主义过渡时期的芳村和荔湾

一、芳村地区人民政权的建立与巩固

1949—1978 年社会主义革命和建设探索时期的 30 年间，由于社会主义建设需要、城市规模扩大及人民公社化运动等经济、政治和社会运动的综合影响，荔湾和芳村地区行政区划历经了频繁的变化调整。为行文方便、易于理解，本章叙事时荔湾与芳村的地理概念以现有的区划范围为准，而此一时期不同历史阶段现今荔湾和芳村区划范围内存在过的不同区划名称，如广州市郊区、广州市西区、新滘区、鹤洞人民公社等反映在行文中。①

新中国成立初期，广州情况十分混乱，国民党溃逃时，抛下了大批散兵游勇，大量枪支弹药散落民间。芳村与崇文两区公所属下原来共有 26 个保（村）的旧政权，比较分散，又处在番禺县、南海县和广州市交接处，封建势力根深蒂固，恶霸地主各据一方。如果要彻底收缴枪支，打击匪行，以巩固社会治安，就必须扫荡旧政权残余，巩固新生的人民政权。

1949 年 11 月，芳村区人民政府正式成立。1950 年全区划分为一镇十乡，管辖范围和管理人口明确，并进行统一的管理。芳

---

① 《建国后芳村建置沿革》，《芳村文史》（第五辑），1994 年，第 5—8 页。

村镇包括上市、花地、中市和下市几个办事处，人口 1.2 万多；农村部分划分为 10 个乡，每个乡辖 2—3 个自然村，人口 1000—3000 人不等。1949 年底至 1950 年建立了农会组织与妇女组织。芳村区公安分局成立后，下设 8 个派出所，并建立 180 多个居民小组。

1950 年初，荔湾和芳村地区的接管工作已基本完成，成立了中共芳村区临时工委和芳村区人民政府。这时，摆在面前的任务便是巩固和发展新生的人民政权。1949—1956 年，芳村区从接管旧政权开始，进行了收缴黑枪、清匪反霸、减租减息、禁烟禁赌、贯彻婚姻法、"三反"（反对贪污、反对浪费、反对官僚主义）、"五反"（反对行贿、反对偷税漏税、反对盗骗国家财产、反对偷工减料、反对盗窃国家经济情报）、发动群众征粮、土地改革、土改复查、组织农会、建立农村新政权、实行农业合作化、人口普查、人大代表普选、建设芳村大围和广中公路等一系列对敌斗争、制度变革和生产建设工作。这一时期，由广州军管会派来的军代表，由中共广州市委派来的南下干部，由市团工委、市干校、市学联、市妇联推荐或委派的来自广州各大、中学校的青年学生和青年教师一起组成的基层党政干部队伍，为芳村的恢复、建设与发展做了大量基础性工作，在这片热土上为崭新的人民政权贡献了青春、汗水和力量。

（一）开展"镇反"，维护治安

1950 年 3 月 3 日，国民党飞机突然轰炸广州市黄沙的南站等地，炸死炸伤 500 多人，尤其是珠江河畔的艇户居民，死伤惨烈。潜伏在区内的土匪、特务，以为时机已至，便造谣惑众，妄图制造社会混乱。群众生活不得安宁，影响极坏。

为整顿社会治安，把敌特的嚣张气焰压下去，确保人民生命财产的安全，芳村展开了轰轰烈烈的镇反运动。芳村公安分局运用集会和标语等形式，向群众宣传政府开展镇压反革命分子的意义和目的要求，务求使群众明了镇反是为了巩固社会治安，发展生产，使群众安居乐业。芳村公安分局组织了治安学习组，利用晚上的空暇时间，组织各个治安小组组长来开座谈会，宣传和学习镇反的政策和做法。镇反较注重以教育为主的原则，实行"坦白从宽、抗拒从严"的政策。为壮大治安队伍，在青年人中吸收了一批积极分子，参加治安学习组。他们除了参加学习之外，还义务写宣传标语、出墙报等，或是上门家访，以使群众深入了解镇反工作。

在政府宣传教育下，群众明白了镇反运动的目的和意义，积极投身到运动中去，大胆揭发坏人坏事，迫使匿藏的坏人不得不出来坦白交代，悔过自新。根据群众提供的线索，藏匿在广州市内的乡匪恶霸纷纷被公安机关一网打尽，受到了正义的审判和法律的制裁。地方恶霸藏匿、国民党军撤退时流落的枪械，也在镇反中全部收缴。

（二）肃清烟赌，取缔陋习

解放前，在国民党广州警备司令叶肇的庇护下，芳村区存在大量烟档、赌档。这些档口，既有恶霸地主的武装保护，又有国民党军警的暗中庇护，毒害了不少群众。有些地方如东塱和葵蓬，还有人种植鸦片。人民政府接管芳村后，进行肃清烟赌的工作迫在眉睫。公安局首先解除了烟赌馆档的武装，抓了一批开设烟赌馆的头目。同时，整顿内部，将伪警察局一批骨干分子调去学习，拆除了包烟包赌的后台。至于一般抽鸦片和参加聚赌的群众，则没收烟赌具，教育后释放。采取这一系列措施后，社会上的烟赌馆便逐渐绝迹了。

（三）整顿货币市场，稳定金融秩序

新中国成立前夕，国民党发行的"法币"严重贬值，被称为

"湿柴"，有条件的广州市民一般用港币，农村有时用银元交易。广州军管会接管广州后发布布告规定统一使用人民币，禁止使用港币。

采取的主要措施，便是在区内积极发行全国胜利折实公债。[①] 从1949年冬开始，至1950年春完成，芳村区的任务是1.5亿旧币（合新币1.5万元）。对于基本群众，采取自愿认购的方式；对地主、富农、工商业者，则规定任务。当时，许多人对人民政府是否站得住脚尚持有怀疑态度，特别是1950年广州发生"三三"轰炸后，特务到处打黑枪，群众思想混乱，给推销公债工作造成很大困难，工作中难免有强迫命令的现象。后来，市人民政府统一规定按房租加派公债才顺利完成了任务。[②]

（四）减租减息，清匪反霸

解放前的芳村，70%以上土地集中在地主或把持"公尝"的地主手中，农民一年内50%以上的收获要交给地主。除地租剥削外，还有土匪恶霸"打单勒索"（绑票），收"行水"（买路钱）、"禾更"（保护费）等。新中国成立后，芳村地区发起"减租减息，清匪反霸"运动（也称"八字运动"）。工作组先在裕安围村和凤溪村组织农会，实行减租减息。至于"禾更""行水"等经济剥削，更一律取缔。群众得到实惠，更倾向共产党，揭发了许

---

① 中国1950年发行的国家公债。公债的募集及还本付息，均以实物为折算标准。公债单位定为"分"，每分之值以上海、天津、武汉、西安、广州、重庆六大城市的大米（天津为小米）6斤、面粉1.5斤、白细布4尺、煤炭16斤等四种实物的批发价格，用加权平均法计算，由中国人民银行每旬公布一次。票面额有1分、10分、100分、500分四种。发行总额为2亿分，年息5厘，分5年偿还。

② 杨丰：《建国初期芳村区人民政权的巩固和发展》，《芳村文史》（第七辑），1999年，第12页。

多材料。经过群众揭发控诉和人民法庭审判，对土匪恶霸，杀了一批，关了一批，管了一批，搬掉了压在群众头上的石头，为后续土地改革的顺利开展创造了条件。

二、土地改革与交通、水利建设

（一）实行土改，发展生产

经过整顿治安和"八字运动"，芳村基本稳定下来，人民政权得以初步巩固。为了进一步巩固和发展政权，必须进行生产关系的变革，主要任务便是实行土地制度改革（简称"土改"）。

新中国成立前，芳村地区占人口4%的地主阶级占有38%的土地，占人口45%的贫雇农只占有10%的土地，土地分配极不均衡。地主阶级掌握了大部分土地和农业生产资料，广大贫雇农产量的四分之三用作向地主缴纳实物地租。苛捐杂税让贫雇农生活在水深火热之中。

1950年8月，广州市市长叶剑英专程到北京，请了一批在老区进行过土改的干部，由安平生带队，南下来到广州。中共广州市委决定，由安平生担任中共广州市郊区工委副书记兼广州市土地改革委员会副主任，主任由广州市副市长梁广兼任。中共广州市委又派肖平等来芳村区任区委组织部副部长，决定由他带领工作组，到东漖乡进行土改试点工作。[①]

1950年冬，朝鲜战争爆发，根据形势需要，原暂定一年的土改试点工作提前结束，郊区全面铺开土改工作。除了先前进行试点的东漖乡和坑口乡南围，芳村其余地区的土地改革分两批进行：第一批是西塱乡、南漖乡、葵蓬乡、山村乡和茶滘乡；第二批是

---

① 杨丰：《建国初期芳村区人民政权的巩固和发展》，《芳村文史》（第七辑），1999年，第32页。

东塱乡、沙涌乡、冲口乡和鹤洞乡。1951 年春土改全部结束，转入春耕生产。1951 年底，根据中共华南分局指示，开展土改复查工作，先在南漖乡试点。1952 年春，因市区机关开展"三反"运动，土改复查暂时中断，1952 年冬再铺开。1953 年春，土改复查结束。

芳村土地改革采取分步进行的方式：第一步是扎根串联，诉苦挖根；第二步是说理斗争，查（地主）发家史，算剥削账；第三步是没收地主与公尝土地、耕畜、农具、多余房屋和余粮，征收富农土地；第四步是贫雇农按人口平均分配土地，中农自有土地不动，租入的土地抽多补少、抽肥补瘦，地主、富农也与农民同样分一份土地；第五步是发土地证，转入生产。通过访贫问苦，扎根串联，清匪反霸，减租退押，划分阶级成分，烧毁旧田契，征收、没收地主、富农土地，最后重新分配土地。

土地改革中，安平生领导的由南下干部组成的土改工作队与本地干部团结一致，老干部与新干部同心协力，组成一支艰苦深入、廉洁奉公的干部队伍，并建立了以贫雇农为核心的农村基层党团组织、农会组织、政权组织。第一批土改乡中，西塱、南漖、葵蓬三个乡，共有团员 59 人。在土改运动中，这批团员成为骨干，带动了 600 多名青年农民参加土改，其发动面为青年总数的80％。在这过程中，有 53 名青年提出了入团申请。经过土改，原没有团员的山村乡、茶滘乡也发展了团员，并建立了乡团支部。第一批参加土改的乡于 1951 年 1 月结束土改工作。第二批土改乡于 1951 年 1 月开始土改工作，至 3 月结束。这些乡通过土改运动也都发展了新团员，成立了团支部。

土改后，共青团组织遍及芳村区各乡村。到 1951 年 11 月，全区共有团员 490 人，其中农村团员 218 人、工厂团员 48 人、学校团员 101 名、机关团员 92 人、小教团员 31 人。共有团支部 20

个，其中农村 12 个、工厂 2 个、学校 2 个、机关 2 个、小教 2 个，另有 1 个机关直属小组。

芳村区的土改是在《中华人民共和国土地改革法》颁布之后进行的，并借鉴了北京郊区的土改经验，总体来说是成功的。土改的目的，是彻底消除封建剥削制度，发展农业生产。土改的方针，是依靠贫雇农，团结中农，中立富农，消灭地主阶级（不是肉体）。历史证明，芳村区对封建剥削制度的消灭是比较彻底的。经过土改复查，除个别可划可不划的地主外，没有发现其他漏网地主。土改中没有出现乱打乱杀现象，符合中央对大城市郊区土改的要求。芳村区的土改处于抗美援朝、镇压反革命时期，对恶霸、匪首的打击比较彻底。东漖试点召开没收、征收大会时，中共广州市委代理书记、广州市副市长朱光与广州市土地改革委员会副主任安平生前来参加并发表讲话，坚决支持群众。全村上下一片沸腾，农民提着分到的粮食，高唱"担谷膊头痛，鬼叫你命穷，有田分便不痛，感谢毛泽东"。很多贫下中农拿到土地证时热泪盈眶。土改刚结束，农民踊跃捐献，支援抗美援朝，兴修水利，掀起春耕生产高潮。土改完成后，芳村地区土地制度和生产关系发生根本性变革，从封建地主土地私有制转化成农民的土地所有制。

（二）兴修水利，修筑芳村大围

新中国成立前，芳村地区是洪水为患的重灾区。由于地势低洼经常连年水灾，最严重的是 1915 年，农田尽淹，南漖、沙洛等村遭水淹月余，村民全靠港澳同胞捐款赈济，才渡过难关。

要搞好农业生产，先要办水利，芳村地势较低，办水利一事更显得重要。1951 年春，根据芳村人民群众的迫切要求，在百废待举、财政困难的情况下，广州市人民政府仍然批准芳村区人民政府动工兴建芳村大围。由于正值春耕准备期，农民需要保证不误农时的情况下参加筑堤工程。大围由市政府投资，芳村区政府统一指挥，市建设局组织施工。由于人力不足，广州市副市长朱光决定采取以工代赈的办法，招募失业人员组成工赈队，协助村民修筑大基围，保证在雨季到来之前完成工程。这样既支援了农业，又解决了城镇的失业问题，一举两得。

兴建芳村大围，芳村区农民热情高涨，义务出工，日夜奋战，不计报酬。修堤民工队伍4000余人，不避春寒，于1951年1月16日全面开工，趁着枯水期连续苦战三个月，于4月春耕前基本完成大围的土方工程。大基围筑好后，在村口修建了一座钢筋水泥筑成的水闸，水患得到控制，滩田被改造成围田。

芳村大围的初步建成，受益农田达1000公顷，占全区耕地面积的89.3%，① 当年增产稻谷1000吨，芳村区人民的温饱问题终于基本解决。水患变为水利，农业生产有了很大的发展，水稻逐年稳产高产，加上种植旱地蔬菜和甘蔗，村民的生活明显好转。大围建成后，1951年早稻总产量比1950年增加50%。芳村大围是广州市郊区第一个建成的大堤，芳村区也成为广州市郊区第一个高产区，受到市委、市政府的表扬。

芳村大围建成后，1951年冬至1952年春，山村、葵蓬、沙洛、东裕围等环岛堤围陆续完工。4000多亩农田因此受益。② 其中沙洛围受益面积1500多亩。四个堤围不设水闸，而改为建石涵洞。各围的石涵洞及大小水榟仍由政府贷款，市派出工赈队和农民协力完成土方工程。

---

① 陈一林：《广州市首宗水利工程——芳村大围》，《芳村文史》（第七辑），1999年，第12页。
② 欧绍荣：《建国初期芳村区水利建设和农业生产》，《芳村文史》（第五辑），1994年，第16页。

1952 年夏，芳村区全部大堤完成，全区农田不再受洪水威胁，农民生产积极性空前高涨，安心发展生产。此后每年冬季都对堤围进行加固加高。1962—1963 年，在篓围建了新水闸，方便了西片土地的排灌；又在村口建起一座电动排灌站。水利设施增加后，即使在旱涝情况下，农田仍得以保收。

（三）铺路架桥，改善交通

1951 年建成芳村大围以后，山村、葵蓬、沙洛等堤围相继建成，并修建了堤闸，环堤可连通，故陆路交通开始发展。同年，广（州）中（山）公路建成通车，其中芳村段白鹤洞至沙尾大桥6.25 千米。[①] 到 1959 年珠江大桥建成后，广佛公路与广州市老城区路网相连，交通往来大为便捷，长期以来广州周边珠江两岸以水上交通为主的交通方式开始向以陆地公路交通为主的新方式转变。

1962 年山村桥建成后，芳村区第一条公路芳村大道全线通车。各村、队开始使用农机耕作，掀起建桥、建机耕路的热潮。水泥桥和机耕路的建成，改善了农村的交通运输状况，货车、拖拉机、手推车和自行车都可以上路，省时省力，促进了农业的大发展。在合作化时期，农村的交通运输是水陆兼程，大宗的货物如公粮、甘蔗和肥料等，还是多用船运。

三、芳村和荔湾进行社会主义三大改造

（一）芳村的农业社会主义改造

1951 年初，土改工作尚未完全结束时，坑口南围就成立了全区第一个农业生产互助组，有 7 户 25 人，组员采用记分按劳取酬

---

① 黄信隆：《芳村交通的变迁》，《广州文史》（第七十七辑），广州出版社 2013 年版，第 238 页。

的形式，团结互助，围田筑坝，兴修水利，发展生产，使水稻年亩产量增加50%，达400多千克。

1951年冬，芳村区的土改复查工作，实现耕者有其田，农民当家作主人，生产热情高涨。发展农业生产，推行农业合作化，成为当时农村工作的中心任务。

农民分了田地和农具后，成为分散个体，面临着农具、资金、牛（耕牛）力和劳动力不足的情况，1951年出现某些农户违误农时、影响收成的现象。为此，区政府组织工作组分赴农村，指导冬季备耕并推行互助合作运动，发动农民组织农业生产互助组。山村乡是芳村区农业生产互助的两个试点之一，也是广州市的首批试点。

土改复查以后，在农村中出现过自发的互助组，特点是邻居或亲戚之间的互帮，故称为"亲帮亲"或"邻帮邻"。但这种互助是临时的，一般要看情面而为，不是统筹兼顾和连续性的。而土改工作队引导农民所组织起来的互助组，必须做到有领导、有计划、统筹兼顾地开展。

土改工作队先串联土改根子和骨干加入互助组，树立榜样。在葵蓬村的凤溪，谢达生烈士的遗孀李暖和她的女儿、青年团员谢右目，党员叶树的妻子和他的妹妹、青年团员叶惠珍，团员杨雄、杨萍一家和团副支书黄广颜一家，组成了首个农业生产互助组。组内有耕地约20亩，劳动力12人，主要劳动力是6名青年团员。到翌年春耕前，山村乡组建了10多个互助组。

当时农民存在两个方面的思想顾虑：一是劳动力较多的，怕吃亏，认为是自己帮人家的多，人家帮自己的少；二是劳动力少的，怕没有人肯接纳自己入组，很自然地出现了"强拉强""弱帮弱"的现象。针对这种情况，土改工作队强调互助组是以"等额帮工"为主，帮多了的协商适当给些报酬。对那些"强强组合""弱弱帮配",说服他们重组,帮他们把强弱搭配好。各组都有青年团员和农民骨干起带头作用,注意相互间的团结互助,不斤斤计较,所以,组员能心情舒畅地劳动耕作,取得了土改后的丰收年。生产互助组的一大好处是能统一安排各户的农事。尤其在夏收、夏种的大忙季节,能做到熟一片,割一片,翻耕一片,不误农时;另一个好处是,互通有无,统筹兼顾。在当时各家各户的农具都极其短缺的情况下,把分散的农具集中使用,有效地解决了生产方面出现的难题。

1952年底,全国土地改革运动已基本完成,为了巩固农民所取得的胜利成果,防止农村两极分化,党中央决定引导广大农民走合作化道路。当时的设想是分几个步骤,即由临时互助组到常年互助组,然后发展初级农业生产合作社,再逐步发展成为高级农业生产合作社。这两个不同层次的农业生产合作社的主要区别,在于前者除按劳分配外,还保留了土地分红,后者则完全按劳分配,取消了土地分红。

根据上级指示和北方解放区的建社经验,芳村首批初级农业生产合作社在筹建过程中,主要掌握两条原则:一是自愿互利,二是发展生产。

1953年初,坑口村南围20户、67人全部自愿加入了鹤洞乡第一农业生产合作社,麦益为社长。合作社在贯彻互利政策方面,主抓两条:一是耕牛、大中型农具折价入社,分三年偿还;二是坚持土地分红,使土地多的人不吃亏。在分配方面,坚持多劳多得,按劳分配。即在纯收入中,提取一定比例的公职金用于扩大再生产(包括偿还折价入社耕牛、农具部分),一定比例的公益金用于补贴困难户和公益事业,其余的收入除土地分红外全部按劳分配。坑口南围的社员们都是自愿加入合作社,同时又是同乡、同宗,一向关系比较密切,互相比较了解,所以在评功记分方面,不会产生太大的矛盾。即使有一些，一般也能通过协商调解达成共识，大事化小，小事化无。

合作社成立后，充分显示了集体生产的优越性，主要表现在以下两个方面：

第一，扩大菜田面积。要想增加收入，必须扩大经济作物种植面积，其中主要是扩大蔬菜种植面积。种蔬菜比种水稻收入多好几倍，但用的劳动力较多，技术要求高，投资也大，不是一般农民能做得到。合作社就有这个条件，通过合理分工和合理使用劳动力、技术人才，蔬菜种植面积从 10 多亩发展到 40 多亩。此外，还发展了 4 亩鱼塘、种了一批龙眼树。

第二，扩大土地面积。为了扶持合作社，乡将土改时分剩的 10 多亩地由合作社负责代耕，合作社又开垦了 7 亩多菜地。这样合作社共有土地 120 多亩，平均每人将近 2 亩。坚持"自愿互利""发展生产"原则建立起来的鹤洞乡第一农业生产合作社获得了初步成功。

1953 年，包括东漖、葵蓬、西塱在内的各乡先后建立起 213 个常年互助组和临时互助组，入组农户共有 844 户。农业生产互助组的发展奠定了农业生产合作化的基础。

1954 年 1 月，裕安围、坑口南围试办了农业生产合作社。坑口南围 16 户农户改良发赤田 50 亩，饲养母鹅 180 只，水稻增产 40%，蔬菜增产 50%，收入比互助组时期增长 40%。同年，葵蓬初级社（共 1 个社 20 户）、鹤洞初级社（共 1 个社 47 户）和西塱初级社（共 8 个社 130 户）等相继成立。[1]

1955 年秋，为贯彻毛泽东《关于农业合作化问题》报告的精

---

[1]　东漖镇地方志办公室编：《广州市芳村区东漖镇志》，广东人民出版社 1994 年版，第 29 页。

神和中共中央《关于发展农业生产合作社的决议》，新滘区
（1954 年 6 月成立）掀起农业生产合作社初级社扩建高潮。到
1955 年底，全区共建立 48 个初级社，入社农户共 1892 户。初级
社实行统一经营统一核算，在分配上除提留公积金、公益金外，
其余部分按土地入股，按劳动出勤的数量进行分配。

1956 年初，农业合作化运动进一步大规模深入。全区初级社
全部转为 12 个高级农业生产合作社，入社农户扩大到 3073 户
（其中葵蓬社 332 户，东漖一社和二社共 500 户，西塱一社和二社
共 455 户）。入高级社的农户占全区总农户的 99.7%。[①] 高级社成
为农业基层核算单位，按每个劳动力出勤及质量记录计算劳动工
分，工分值按收成提取分配，分给社员口粮、禾草、食用油及结
余现款。

（二）荔湾私营工业的社会主义改造

荔湾对私营工厂的公私合营改造始于 1954 年。公私合营改造
分两阶段进行，1954—1955 年以个别厂合营的方式进行，1956 年
以全行业合营的方式进行。在西区私营工业社会主义改造如火如
荼之际，市郊的芳村区也开始了对资本主义工商业的社会主义改
造。1954 年首先对广州协同和机器厂实行公私合营，使该厂成为
全市第一家实行公私合营的大厂。[②] 1954 年 6 月以后，由于广州
市行政区划变动，芳村区被撤销并入河南区（今海珠区），故本
节对资本主义工商业的社会主义改造的论述以广州市西区（今荔
湾区）为主。

---

① 东漖镇地方志办公室编：《广州市芳村区东漖镇志》，广东人民出
版社 1994 年版，第 30 页。

② 芳村区地方志编纂委员会编：《广州市芳村区志》，广东人民出版
社 1997 年版，第 272 页。

1954 年初，西区引导区内 28 家经营前景不好的工厂专业投资或并厂，大部分根据工厂性质分别转入对应行业，其中有纺织业 7 家、轻工业 10 家、机器制造业 3 家、新药业 1 家等。合营并厂总体方针是"统一安排，改组合并，全业合营"，实行"（合）并、联（合）、带（动）、转（业）、淘（汰）"的改造方针。合并的方式包括私私合并、公私合营与私营合并、公私合营厂间合并、私私合并与公私合营同时并行。但无论并厂采取何种具体形式，均坚持先进带动落后、大厂带动小厂、企业间取长补短的基本原则。①

合营工作主要分三个阶段进行：第一阶段是准备阶段，主要是发动群众，端正认识。首先做好资本家工作，在其自愿提出申请合营的基础上，引导其搞好合营工作。公方掌握好工厂的沿革、财务、业务、设备、资产和人事等情况。发动好技术人员是搞好合营的关键。第二阶段是合营阶段，把私营企业由私有制转为公私共有，社会主义成分在企业内部同资本主义成分合作，并居于领导地位，初步改变了生产关系。这一阶段的任务是成立工厂的公私合营委员会，进行清产估价、核资定股，进行公私人事安排，制定投资方案，成立工厂董事会，草拟合同与签订合同等工作。第三阶段是宣布公私合营，建立新账目，全力转向生产，集中力量逐步改革企业经营管理制度及组织机构，加强工厂内的党、团和工会组织等建设，加强思想政治工作，巩固合营成果。

至 1955 年，西区辖内共有 74 家工厂合并为 18 家工厂，涉及电工器材、五金制造、机器制造、化工、针织、染整、橡胶等 7

---

① 中共广州市荔湾区委组织部、中共广州市荔湾区委党史研究室：《中国共产党广州市荔湾区历史》（第二卷），中共党史出版社 2012 年版，第 88 页。

个行业，职工 3074 人，资本家 172 人。在公私合营后工厂厂长的人事安排上，可以安排资本家担任厂长，但合营企业中组织成立的工厂管理委员会，主任一职当然为公方代表担任，这就从组织上保证了公方代表的领导。在 1955 年合营的 36 家私营工厂的 134 名资本家中，被安排为厂长的 3 人，副厂长 25 人，股长 25 人，组长 21 人，一般职员 38 人，其他情况 22 人。①

1956 年 1—3 月，根据中共广州市委"统一领导，集中力量，按专业、行业，市、区分工包干"的指示，西区负责包干针织、胶革两个专业 11 个自然行业的全行业公私合营工作。这些行业涵盖了全区 351 家工厂，职工 9623 人，资方从业人员 674 人。两个专业 351 家私营工厂经全行业公私合营后，成为公私所有，再经经济改组合并成 77 家工厂。在清产核资工作上，基本上贯彻了"公平合理，实事求是"的政策。针织、胶革业清估前总值为 398.3 万元，清估后为 308.7 万元。在人事安排方面，大部分资本家留下来并予以适当安排。原资本家中有 5 人被安排为专业公司副经理，2 人任行业公司董事长，56 人担任副厂长，190 人任科长、组长、股长和车间主任等。② 而公私合营后对原资本家的薪金也暂时作适当保留，让其工资比公方干部稍高。

在西区进行的两个行业改造工作的同时，过去原属西区领导的其他行业私营工厂在其他单位的包干负责下，也完成了全行业公私合营的任务，并于 1956 年 4—5 月把企业基层领导关系移交

---

① 中共广州市荔湾区委组织部、中共广州市荔湾区委党史研究室：《中国共产党广州市荔湾区历史》（第二卷），中共党史出版社 2012 年版，第 90 页。

② 中共广州市荔湾区委组织部、中共广州市荔湾区委党史研究室：《中国共产党广州市荔湾区历史》（第二卷），中共党史出版社 2012 年版，第 92 页。

西区管理。这样，到 1956 年底全市工业按行业完成社会主义改造后，西区共计有公私合营工厂 158 家。其中，老合营厂 27 家，新合营厂 131 家。加上后来广州市拨给西区的地方国营厂 4 家，合计共有 162 家工厂。①

公私合营工厂在实现全行业公私合营以后，还继续进行了不少企业改造工作，配合专业公司解决历史遗留问题，改革企业管理工作制度，改革不合理的工资制度等。当然，也包括对资本家进行思想改造，发动工人党员、群众学习政治理论，积极开展生产竞赛、劳动技术竞赛提高生产效率和产量等运动。

到 1956 年底，广州市西区以公私合营为主的工业、手工业社会主义改造基本完成后，合营企业的经营管理不再采取资本主义方式，而是逐步向国营企业看齐，完全以发展生产、保证需要和国家计划的要求为指导方针。社会主义基本经济法则和国民经济有计划的法则，在合营企业内直接起作用。全行业公私合营的并厂改组是一次重大的经济重组，把部分落后、分散的工厂变为较为集中、生产力组织力都较强的工厂，也是设备、资金、场地和人才的集中重组，在不同程度上增强了工厂和行业的生产实力。不少合营工厂以后进一步发展成为荔湾区、广州市乃至广东省地方国营大厂。

（三）荔湾私营商业和手工业的社会主义改造

新中国成立初期，个体私营商业在城区商业中占较大比重。为了顺利推进国家的经济建设，加强市场的计划性，西区先后以纳入国家计划轨道、公私合营、合作化等形式，加强了对私商、

---

① 中共广州市荔湾区委组织部、中共广州市荔湾区委党史研究室：《中国共产党广州市荔湾区历史》（第二卷），中共党史出版社 2012 年版，第 93 页。

摊贩的社会主义改造工作。

西区区委和区政府在 1954 年通过计划供应工作，把区内棉布等 16 个行业的零售坐商 806 户、摊贩 64 户，纳入国家计划轨道。同年 11 月，广州市西区商业国家资本主义办公室成立。从 1955 年 2 月起，根据市委指示，商业工作以安排市场、改造私商为中心工作。各国营公司在区内设立了纱布、土产、油脂、水产、食品、药材、木材、煤建、专卖、百货等 10 个批发部，积极开展批发业务，控制公私比重。为使私商进一步接受社会主义改造，大力扩展批购、经销、代销等形式的国家资本主义工商业。政府一方面使私营零售商继续维持下来，另一方面使其显示出国家资本主义优越性或争取纳入国家计划轨道。1955 年第二季度，对私营商贩有步骤引导纳入国家资本主义轨道，在百货、木柴、五金等 24 个行业，发展了批购 84 户，经销 860 户，代销 19 户。

1956 年，私营商业的改造在全市统一部署下加快步伐。区内私营坐商已由全市各专业公司包干，在第一季度全部完成全行业的公私合营。至 1956 年 7 月底，转入国营管理的报贩有 98 户、98 人；带进公私合营的有棉布业 32 户、37 人；组织共负盈亏合作小组 265 组、2214 户、2956 人，含猪肉、牛肉、"三鸟"、鲜鱼、蔬菜、咸什、鲜果、香烟、木柴、百货、陶瓷、山货、竹藤器、钟表、木屐、小食品、图书等行业；组织联购分销小组 22 组、184 户、215 人；组织行政管理小组 675 组，2207 户、7803 人。除去转入国营与公私合营的业户，西区共有在业摊贩合作组织 962 组、9005 户、10974 人。动员回乡生产的 1508 户、1605 人（另家属 3619 人），以回收废品、鲜果、小食品、蔬菜、理发等行业摊贩居多；动员副业性停业摊贩 321 户、358 人，其他原因停业 1599 户；吊销牌照 112 户、128 人。几项合计，西区共压缩

了当时原小商贩总户数的四分之一。① 到 1958 年 6 月，除 15 户
30 人未参加合作组织外，共有 2.1 万多人加入了合作化组织。至
此，全区手工业的社会主义改造已基本完成。②

私营商业的社会主义改造，冲击了旧式商业"唯利是图"的
思想观念，并对社会商业资源重新组合，资金、场地、人员的集
中重组，不仅扩大了商业规模，同时使商业网点按需求重新调整
分布。但是由于合营速度过快，涉及面过广，加上超越了所处历
史阶段，过分强调计划商业经济，忽视了市场的自然调节作用，
出现过商业部门对工厂供应原材料不及时、产品质量低劣、强迫
搭配等问题，同时还存在商业部门不切实执行收购工厂产品合同、
收购价格不合理等问题，造成市场供应品种单调，商业网点太少，
影响人民生活和生产发展，同样也影响到商业部门的效益。

---

① 中共广州市荔湾区委组织部、中共广州市荔湾区委党史研究室：
《中国共产党广州市荔湾区历史》（第二卷），中共党史出版社 2012 年版，
第 98 页。

② 荔湾区地方志编纂委员会编：《广州市荔湾区志》，广东人民出版
社 1998 年版，第 185 页。

第二节 社会主义建设探索时期芳村和荔湾的建设与发展

一、农业发展与民生改善

1958 年人民公社化运动在全国展开后，当年 8 月区内 12 个高级农业生产合作社组建成鹤洞人民公社，归广州市郊区管辖（此时芳村区已第一次撤销，改称广州市郊区）。人民公社下设大队，大队以下设生产队。人民公社是集体土地所有制，包含部分全民所有制成分。生产资料必须公有化，原农业社的固定资产和流动的财产债权、债务全部移交给公社。自留地全部收回，由公社统一经营，土地所有制再一次发生重大变化。

人民公社化时期，农业生产实行"五化"：组织军事化、行动战斗化、生活战斗化、社会劳动化、劳动管理专业化。公社设营连排组织，社员每天劳动 10—12 小时，开收工记工分上劳动手册。人民公社化初期，一度实行供给制，按月发工资。全社共开办公共食堂 64 间，社员凭粮票到公共食堂用膳不要钱。公社还建立近 60 所幼儿园、托儿所，入园入托儿童 2700 余人。[1]

1959 年 11 月，开展整风整社总路线教育运动，实行公社—大队—生产队三级所有制。

---

[1] 东漖镇地方志办公室编：《广州市芳村区东漖镇志》，广东人民出版社 1994 年版，第 30 页。

1960 年，实行"五包两奖"（包计划、包成本、包上市量、包工资、包主要措施；超额产量奖、超产值奖）、"一扣六定"（扣回减产部分的成本；生产队实行定领导、定人员、定地段、定数量、定质量、定工分的定额管理）的生产责任制。

1961 年，改为以生产队为基本核算单位，把公社的生产权和分配权统一到生产队。

鹤洞公社高度重视水稻生产，改革了耕作制度，易单造为双造，推广农业先进技术，水稻生产获得稳步发展。1960—1966 年积极贯彻中共广州市委提出的蔬菜种植要"高产、优质、多品种、均衡上市、上早市"的方针，采取了因地制宜、合理安排品种、提早蔬菜栽种期和适当延长蔬菜收获期等措施，保证蔬菜均衡上市。同时积极发展花果苗木生产，建立公社花果树苗场。还发展社队企业，开发农机服务、粮食加工等小型企业，巩固和发展了集体经济。但由于公社化的失误和"文化大革命"的十年动乱，工农业生产增长缓慢。1976 年粉碎"四人帮"后，逐步转到以经济建设为中心上来，坚持"以菜为主"，大力发展花卉生产，迅速发展养殖业，实行多种经营。1977 年就实现蔬菜、水稻、甘蔗、香花、塘鱼、生猪等 6 项主要农产品产量超过历史最高水平。[①] 历届政府都十分重视农田水利建设，不断改善水利设施，变自流排灌为自动喷灌。鹤洞人民公社全社 30 多千米的大堤经过历年来的不断整修，顶住了一次次洪水的侵袭。

（一）鹤洞蔬菜生产基地

1956 年开始，国务院和农业部规定蔬菜全部或按幅度由国家按牌价或议价成交、统购统销。

---

① 东漖镇地方志办公室编：《广州市芳村区东漖镇志》，广东人民出版社 1994 年版，第 90 页。

1960—1962 年，全国农业生产发展处在徘徊阶段，农业普遍减产，城乡人民生活困苦。市面上食品供应匮乏，普遍出现排队购食品的现象。在这种情况下，在所有制问题上，党中央明确强调"三级所有，队为基础"（"三级"指的是人民公社、大队、小队），发挥生产队的自主性和创造性，借以恢复和提高农业生产。当时广州市几百万市民企盼每天购到蔬菜，更希望购买到质量好的菜，以抵粮食不足部分。为此，市委、市政府十分重视蔬菜生产，提出"发展蔬菜生产为城市服务"，① 要求每天上市蔬菜的数量为 200 万斤，这项任务落到以蔬菜生产为主的郊区头上。

芳村区每天蔬菜上市任务为 120 万斤，占全市总量 60%。鹤洞公社是这一时期广州市主要的蔬菜生产基地，压力相当大。为了保证蔬菜的均衡上市，芳村区政府加强了对生产大队和小队的领导。区政府干部每天都必须轮流下乡下田指导生产，同时还对干部进行了优化调整，以充实大队的领导力量。

那时，花地生产大队有生产花卉的任务，但也只限于花地生产队那一片，蔬菜生产任务集中在中市、冲口山村、石围塘片。冲口素以生产花菜、节瓜著称。为保证蔬菜均衡上市，区政府采取"以菜代粮"的方针，即蔬菜上市任务与粮食供应挂钩，上市的蔬菜越多，则国家供应菜农的粮食越多。

为了保证城市蔬菜供应，花地大队向各生产队提出了"粗细结合，长短兼顾"的发展方针。所谓"粗细结合"，是指除了种植节瓜、豆角、丝瓜、青瓜等细菜外，还要种高产的蔬菜，如椰菜、君达菜、苏联甜菜等。花地大队地处白鹅潭畔，河涌沼泽甚多，有利于种植蕹菜、西洋菜等水生蔬菜。这两种蔬菜，采摘时

---

① 陈法、谢璋：《发展蔬菜生产为城市服务》，《芳村文史》（第八辑），2001 年，第 29 页。

间约有半年之久，与短生作物配搭，便保证了蔬菜的均衡上市。但西洋菜留种困难，遇上高温酷热天气，便会枯萎，每到秋凉时节，要派出专人到澳门的前山采购西洋菜种回来，繁殖扩种。而椰菜的种子，则以日本出产的为优质，但是购买困难，所以每年也要派出专人远到山东泰安购椰菜种子。这种种子出芽率高，产量也高，而本地留种的椰菜种子会严重退化、变种，故不能用。

原南海县盐步公社所管辖的海南、海中、海北和增滘等大队，此时已划入芳村区。南海县大部分地区原来主要种植水稻，为了扩大蔬菜种植面积，花地大队派出社员和老菜农到这些大队教社员翻地种蔬菜，这样上市的蔬菜更有保证了。

上市蔬菜的任务有了保障之后，大队扩大了优质蔬菜的种植量，如豆角、节瓜、花菜之类。花地大队的蔬菜上市任务完成得好，因而国家供给社员的粮食也多，平均每人每月有 48 斤，一时传为佳话。

（二）花地花卉种植业

花地在明清时期，就因广种茉莉花、素馨花而负盛名，花卉种植业有深厚的历史渊源。新中国成立后，中央人民政府轻工业部于 1956 年在芳村花地和茶滘附近投资兴建中国第一家天然香料生产厂——广州百花香料厂。[①] 投产初期由中央人民政府轻工业部主管，1958 年下放由广州市轻工业局主管。百花香料厂主要生产"百香牌"（出口）、"广州牌"、"冰花牌"香料和香精。百花香料厂的建成投产，是新中国成立初期芳村区农业支援工业、工业带动农业的一个典范。

百花香料厂建成后，芳村地区和花地的花农主要为香料厂供

---

① 建厂时名为国营广州香花浸提厂，投产后定名国营广州百花香料厂，1967 年改为广州香料厂。

应原材料，因而逐渐形成有计划发展的种植业。花地村及邻近各村，每个生产队都把种植茉莉花、白兰花列为生产任务下到每个农户，也增加了农户的经济收入。

初期，百花香料厂只单一生产茉莉花、白兰花浸膏及其精油等天然香料，后来才逐步增加生产合成香料、香精等数百个品种，成为综合性香料生产的厂家，产品畅销全国各地，并出口美国、法国、日本、东欧、东南亚等国家和地区，尤以天然香料最受欢迎。

每年春秋两季，香料厂每日需茉莉花万斤，白兰花和白兰叶合计万斤以上，且必须当天采摘炼制。从1957年开始，茉莉花和白兰花种植面积，每年都有较大增幅。1960年代，鹤洞人民公社花果树苗场成为广州市规模最大的花卉生产基地，年产万斤以上。1961年，香花种植面积达156.6公顷，总产量达269吨。国家对香花栽种以销定产，实行计划收购，由供销社独家经营。20世纪60—70年代，广州市区上下九路、中山六路、维新路（今起义路）、大南路等地开设了4个鲜花销售门市部，产自芳村花地、东漖和茶滘地区的鲜花销售量占全市70%以上。①

这一时期，由于茉莉花植株和茉莉花的需求量与价格与日俱增，刺激了农民种植茉莉花的积极性。许多农户利用旱地、宅边地、河涌旁的小块闲地种茉莉花。加之茉莉花植株占地少，数量多，经济收入可观，一时间掀起了种植高潮，甚至扩展到周围地区。芳村区连同附近的佛山南海在内，茉莉花的种植面积超过3000亩。

广州百花香料厂的建成和投产，取得较好的经济效益，也带

---

① 信雄：《香料厂与茉莉白兰花种植》，《芳村文史》（第八辑），2001年，第33页。

动了农业的发展。江浙一带的上海、杭州等市，也相继建香料厂生产天然香精，所需的茉莉花植株多来广东采购。1970 年代中期，广宁县山区出产篱竹和茶叶，其中部分篱竹供应花地。1960 年代初，广宁人来芳村采购茉莉花来蒸熏茶叶，制茉莉花茶。这一茶叶品种有浓郁的茉莉花清香，深受市民喜爱。广宁人又在洞企石租石围塘的仓库储存茶叶。后来清远英德县和外省的产茶商也纷纷来洞企石开设熏茶工场，经营茶叶批发贸易。时至今天，洞企石已发展为全国有名的南方茶叶市场。

在春秋二季，百花香料厂每天需要白兰花和白兰树的叶子合计 1 万斤以上。按照传统的培植方法，白兰花种子发芽生长周期长且存活率低，难以提高产量。花地村的花农敢为人先，派人专程到广州市植物园学习黄兰嫁接栽培白兰的技艺。白兰树由此成为花农眼中的"摇钱树"。

发展茉莉花与白兰花种植，有力地支援了百花香料厂的建设。香料厂的建立，又促进了芳村区花卉业的发展，为芳村区人民提供了 200 多个就业的机会，这是工业与农业互相促进的一个范例。

（三）花地塘鱼养殖业

1951 年，随着葵蓬、芳村、海龙三大堤围工程的修筑，在堤围旁新挖出许多鱼塘，芳村地区的塘鱼养殖业开始获得发展。1956 年正值农业合作化的高潮，政府号召各生产队实行"农、林、副、渔全面发展"。花地大队的主要任务是种植蔬菜为城市服务，此外还建奶牛场和发展渔业生产等。

地处白鹅潭畔的花地大队，河网如织，池塘密布，各生产队都重视渔业生产的发展。花地大队有一个鱼塘生产队，专门从事渔业生产。鱼塘队内设立鱼花小组，专职养殖鱼苗。鱼苗养殖的成功，对芳村地区塘鱼养殖业的发展起到了重要作用。[1]

花地的塘鱼养殖，以四大家鱼（鲩、鳙、鳊、鲮）为主。鱼苗多产自西江，在春汛来临之际，便由鱼花组派出队员前往西江边一个叫金利的地方购鱼花。刚孵化的幼鱼，细小如头发丝般，所以称为"鱼花"。采购的鱼花以盅论价，鱼花组采购鱼花回来时，要在适合鱼花生长的池塘里放养。

花地鱼塘队成功养殖鱼苗，成为全芳村地区鱼苗供应基地，东漖、鹤洞、坑口、南漖、茶滘、东塱、西塱、海南、海中、海北、增滘、龙溪等所需的鱼苗都由花地鱼塘队供应。邻近的县、市如南海、顺德等地区生产队也纷纷前来采购。远至台湾地区的渔农，也专门来花地采购鱼苗，空运回去。

1960 年代初期，从外地传入热带鱼类如非洲鲫等。这类鱼生长快，繁殖力强，味道也鲜美。花地鱼塘队的鱼花组学会了养殖这一新的鱼种，不过此类热带鱼的缺点是畏寒，在冬天天气寒冷时便会冻死。鱼花组在冬天来临之前，精心挑选热带鱼放养在温室里的鱼池；待春天天气回暖时，才放回鱼塘饲养繁殖，以满足各生产队鱼苗的需求。从此，"花地鱼花"的名字传遍四方。

（四）东漖家畜家禽养殖业

1962 年 1 月，在全国的人民公社实行"大包干"制度（生产队保证完成国家任务和包干上交大队一定的公积金、公益金、大队管理费和部分费用外，其他收入由生产队自行分配，自负盈亏）。生产管理制度由"五包两奖"变成"三包一奖固定"（包工、包产量、包成本；超产奖励；土地、劳力、耕作、农具四固定）的生产责任制。

为了恢复和发展因"大跃进"运动受到严重冲击的农业生产

---

[1] 谢璋：《花地渔业发展记事》，《芳村文史》（第九辑），第20页。

秩序，鹤洞公社建立起分户或联户常年的作业组，恢复自留地生产，允许开展养殖业等家庭副业。公社在东漖乡建立养猪生产基地，积极开展生猪养殖作为主要副业，实行"私养为主，公私并养"的方针，国家实施生猪派购任务。生产队划给每户1—2分饲料地供社员生产猪饲料。到1968年全社实现"一亩一猪"和"一人一猪"的目标。受"大跃进"影响的农业生产秩序逐步恢复正常。

早在1959年国家就开始实行家禽"三鸟"派购任务，规定公社农户每年上调给国家的数量，国家对完成派购任务的村民给予一定奖励。到1970年，全社各生产队交售"三鸟"数量总计达2.8万只。此外从1964年开始，各生产队到全国各地购买良种奶牛喂养，饲养奶牛也逐渐成为生产队的一项重要副业。"文化大革命"结束前的1975年是本地奶牛业高峰期，共有奶牛1280头，年产奶量达2789吨。[①]

二、工商业的建设与发展

（一）"二五"计划广州重点项目——广州钢铁厂

1956年，对农业、手工业和资本主义工商业的社会主义改造基本完成以后，全国各地出现了社会主义建设高潮，工农业生产的迅猛发展迫切需要钢铁工业立项上马。为了配合国民经济第二个五年计划的发展要求，中共广东省委结合地方工业特点、建设条件和经济建设的需要，决定在广州兴建一座小型钢铁厂。[②]

---

① 东漖镇地方志办公室编：《广州市芳村区东漖镇志》，广东人民出版社1994年版，第36页。
② 中共广州钢铁厂委员会宣传部：《广钢——改革开放结硕果》，《芳村文史》（第四辑），1992年，第18页。

1957 年 6 月，广州钢铁厂（简称"广钢"）筹建处成立。按照广钢基本建设工程的整体规划，建设分两期进行。第一期建设规模为一座具有完整生产周期的小型钢铁联合企业，年生产能力为冶炼焦炭 5.65 万吨、生铁 4.75 万吨、钢 4.6 万吨及钢材 14 万吨。第一期工程要求在 1958 年底建成投产。第二期工程再增加10 万吨生铁的生产能力。

1957 年 8 月厂址确定后，即抓紧进行征地，清理现场障碍物。在市郊区委、鹤洞乡政府和农业社的大力支持下，仅用两三个月时间，便完成了征地 239 亩、迁移坟墓 6624 穴和迁移大小树苗 2978 株的任务，为按期施工创造了条件。经过工地建设者们的通力协作和艰苦努力，施工场地"三通一平"（水通、电通、路通，场地平整）工作于 1958 年初基本完成，从 2 月起，一些主体工程便相继动工兴建。在省、市各行业、各界人士的大力支援下，广钢筹建处党政领导及各施工单位负责人身先士卒，带头苦干，坚持食宿在工地，组织指挥到现场。领导以身作则的影响，带动了工地的建设者，他们发扬艰苦奋斗、不怕困难和力争上游的革命精神，夜以继日地苦战。当时工地上有一首民歌充分地表达了他们的英雄气概和高昂的劳动热情："歌声笑语荡山岗，劈山移土建厂房，披星戴月来奋战，誓要广钢早出钢！"早日建成广钢的战斗目标，热火朝天的竞赛场面，激励着工地上每个人的意志和干劲，大大加快了建设工程的进度。1958 年 7 月 1 日，一号 54立方米炼铁高炉提前 3 个月投产。同年 10 月，二号 54 立方米高炉、第一座 17 孔亨塞尔曼式焦炉和两座 3 吨地坑式空气侧吹转炉相继建成投入生产。

为了保证"钢铁元帅"升帐，广州市许多工厂，如广州造船厂、广州通用机器厂（即广州重型机器厂）、广东农业机械厂、同生机器厂、201 厂、泰安金属结构厂等 20 多个单位，按照市委钢铁领导小组的统一部署，把制造广钢设备作为头等重要的光荣任务，做到有求必应，优先安排。1958 年夏，省、市机关干部，中国人民解放军驻穗部队指战员，广州市各行业的职工和街道居民，联合国际友人组成了一支 2000 多人的筑路大军。他们同芳村地区的干部、职工、中小学生协同筑路，修筑起一条从广钢至五眼桥全长 7 千米的准轨铁路专线，保证了广钢生产建设的顺利进行。

在第一期工程尚未全部竣工、生产设备尚未完全配套、操作技术仍不大熟练的情况下，广钢党政领导和全体职工解放思想，勇于实践，投产当年便生产了生铁 1.3 万多吨、焦炭 1.5 万多吨、钢锭 0.19 万吨，为 1958 年全国钢产实现 1070 万吨作出贡献。

1959 年 1 月 13 日，周恩来亲临广钢视察，同厂党委书记、厂长、工程技术人员亲切交谈，详细询问厂里的基建规划、生产能力、原料来源和交通运输情况，并再三询问有什么困难和问题需要帮助解决。周恩来兴致勃勃地视察已投产的炼钢、炼铁、焦化等生产车间。每到一处，他都和工人、干部、工程技术人员亲切握手，热情问候，询问工人生活情况，关心工人生产安全。周恩来视察广钢后，勉励大家"要为建设华南地区的重工业多出力"。后来，朱德、林伯渠等中央领导同志也先后来广钢视察，给广钢职工以巨大的鼓舞。

1960 年，广钢已初具规模，生产日趋正常，年产钢 2.6 万多吨、生铁 4.6 万多吨、钢材 1.3 万多吨、焦炭 6.3 万多吨。

1961 年起，我国国民经济转入调整时期。为此，广钢第二期工程暂停施工，生产中的焦炉、高炉、转炉也相继停产。广钢采取"关、并、合"措施，一方面精简机构，先后压缩劳动力 6769人。另一方面调整产品品种，实行多种经营。包括把转炉车间改造为生产高锰钢铸件、碳素钢铸件的铸钢车间，改造炼铁车间的高炉，试产钙镁磷肥，于 1964 年第二季度投产，前后共生产了 5 万多吨钙镁磷肥，供应了广东省 40 多个县、市，支援了农业生产。与此同时，还主动向省里申请轧制出口钢材的任务，以维持轧钢车间的正常生产。

1965 年，随着国民经济逐步好转，广钢的生产建设逐步得到了恢复和发展。当年 6 月，第二座 5 吨电炉续建工程竣工投产，大大增加了电炉钢的产量。轧钢系统经过几年来的技术改造，基本上实现了机械化，告别了大钳的落后操作，减轻了劳动强度，提高了生产效率。1965 年，全厂生产经营出现了建厂以来未曾有过的好形势，首次赢利 330 万元。1966 年，第一期工程的全部设备恢复正常生产，第二期工程的部分项目开始复建。广大职工热情高涨，生产势头很好，钢和钢材的年产量创造了建厂以来的最新纪录，赢利 320 万元。

"文化大革命"期间，广钢刚刚获得的复苏生机又受到了冲击，生产建设一度陷于混乱和瘫痪。全国性动乱，无政府主义思潮的泛滥，加之广东、广西、湖南一带交通阻塞，广钢依靠外地供应的各种原材料不断减少，生产无法正常进行，造成钢和钢材的产量大幅度下降，1967 年的工业总产值比 1966 年减少 51.22%，企业重新出现了亏损。1968 年，广钢的生产继续下降，企业亏损达 694 万元。1969 年，广钢的干部职工，胸怀全局，在逐步稳定生产的同时，又自力更生地继续进行二期工程的建设。255 立方米的三号高炉、6 吨顶吹转炉和从日本引进的 1 台 1500 立方米/时制氧机组，相继建成并投入了生产。1970 年 5 月，动工兴建一座 255 立方米的四号高炉，只用四个多月的时间就建成，并于当年国庆节正式点火投产。紧接着，广钢于 1971 年初又自行设计、自行施工增建一座 5 吨电炉和一组焦炉。广钢充分发挥广大职工与工程技术人员的智慧和积极性，从而以较好的质量和较快的速度完成这两项大工程，当年第三季度便投入生产。

1975 年，在邓小平的整顿下，国民经济开始好转。这一年，广钢提前一个月全面完成了年度生产计划，其中钢和钢材的产量创出建厂以来的新纪录。

1976 年，在全国范围内开展的"反击右倾翻案风"斗争的影响下，生产工作秩序又受到了严重冲击。这一年，广钢的亏损高达 2254 多万元。粉碎"四人帮"后，广钢党委一方面抓好组织全厂职工揭批"四人帮"的工作，一方面深入开展以增产节约为中心的社会主义劳动竞赛，促进生产的发展。

1978 年，广钢党委继续抓紧对"四人帮"的揭、批、查工作，紧密联系实际，肃清"四人帮"的流毒，认真抓好各级领导班子的整顿，加强企业管理，强化生产指挥系统，充分调动广大职工的积极性，使当年钢、铁、焦炭、钢材和工业总产值均达到了建厂以来的最好成绩。

（二）华南造船工业基地——广州造船厂

广州造船厂，隶属中国船舶工业总公司，坐落于芳村区白鹤洞，厂区跨珠江河两岸，总厂占地面积 70 万平方米，其中西部厂区 52.7 万平方米，建筑面积 18 万平方米，全厂职工 8000 余人。

广州造船厂（简称"广船"）始建于 1954 年 7 月，建厂以来依靠广船广大干部、工程技术人员、工人的智慧、力量和创造精神，从只能建造木质鱼雷快艇到能建造大型军用舰艇，从只能建造木拖轮到能建造万吨级巨轮，现已发展成为华南地区最大的现代化造船企业。①

1954 年建厂初期，西部厂址是荒无人烟的一片荒滩，杂草丛

---

① 关智强：《广州造船厂在前进》，《芳村文史》（第三辑），1991 年，第 24 页。

生，到处是沙丘土堆，地势高低不平，低洼地因积水成了臭水塘。广船工人发扬艰苦奋斗的革命精神，在这块土地上盖起了草木结构的铆焊车间。工人在简陋的厂房里艰苦创业，加班加点，忘我劳动，不计报酬，无私奉献，为发展华南地区造船事业立下了不可磨灭的功绩。到 1958 年，广船的工业总产值为 3399 万元。

1958 年 7 月 9 日上午，中共中央副主席、国务院总理周恩来，在中共广东省委书记陶铸和广州市市长朱光陪同下，视察了广州造船厂并作了重要指示。周恩来在视察时，勉励船厂鼓足干劲，迅速建成华南造船工业基地，为社会主义造好船、多造船、造大船。

1964 年 4 月，中共中央书记处书记、国务院副总理、中国人民解放军总参谋长罗瑞卿视察了广州造船厂。1978 年 4 月 28 日，国务院副总理王震，在省、市领导梁湘等同志陪同下视察了广州造船厂。

中央领导同志的亲切关怀，是对广船工人 30 多年来不懈努力的巨大肯定。

（三）驰名中外的广州果子食品厂

坐落在芳村花地河畔的广州果子食品厂前身是农产加工场，始建于 1952 年 5 月 26 日。1953 年 3 月 4 日，由广州市南堤二马路 34 号农产加工场搬来芳村。1954 年 8 月，农产加工场改名为农产加工厂。1959 年 1 月更名为广州果子食品厂。[①]

20 世纪 50 年代建厂初期，广州果子食品厂经历了艰难创业的历程，当时职工只有 11 人，靠几只大木桶起家，厂房以瓦棚居多，生产设备简陋，工艺落后。工人们沿用传统的生产工具（大

---

① 黄伯联：《驰名中外的广州果子食品厂》，《芳村文史》（第三辑），1991 年，第 37 页。

缸、大桶、大箩、大锅等）进行手工操作。"头顶太阳光，脚踏瓦渣岗，膊头把货扛，手工操作忙"，成为工人生产生活的写照。经过开展群众性技术革新运动，工人群众发挥聪明才智，创造出适应生产的压桔机、多能洗涤机、刨片机及果生、果胚挑选分级机等多种新机械。机械化代替了手磨脚踏，车子化代替了肩挑，糖水自流化和烧糖输送机代替了"肚顶"。依靠技术进步，工人们的劳动强度逐步降低了。

1956 年，在对私营工商业进行社会主义改造的过程中，全市 19 家同行业的私营厂归果子食品厂管理，职工增至 300 多人，糖果、凉果行业技术水平高的技工集中在一起，形成了一支技术基础较好的队伍，进一步扩大了工厂生产发展的骨干力量。

1968 年，果子食品厂推倒瓦棚，新建五座砖木结构厂房，兴建两台锅炉、一座蒸气焙房。改用蒸气煮制，既方便工人操作，又改善了产品的卫生条件。产品经营方向，以生产中式糖果、凉果为主，兼管西式糖果、腐竹、马蹄粉、酱油、酱菜，工厂向综合性食品生产方向发展。

广州果子食品厂产品共分四大类，其中两大类是基础产品：糖果产品有 14 个品种、38 个规格，凉果产品有 46 个品种、86 个规格。兼营饮料类 9 个品种，糕点类有莲蓉月饼等 100 多个品种。其中获商业部和省、市优质产品称号的 16 个。广州果子食品厂的产品以传统工艺、加工精细、风味独特著称，深受中外消费者的欢迎。

（四）珠江琴曲——广州钢琴厂

广州钢琴生产有较久的历史。早在 1930 年，香港谋得里琴行梁波德就在广州梅花村开设了波德琴行，雇工 60 余人，生产总统牌钢琴。后来由于日本帝国主义的侵略而歇业。广州钢琴业主要是在新中国成立后才逐步发展起来的。

1950—1956 年，广州有付喜、虞炎、万昌、上海、共和、裕泰、文达、新乐乐器工业社等 8 家修理钢琴、风琴等乐器的作坊。在 1956 年的工商业社会主义改造中，上海、共和、虞炎、裕泰四家钢琴键盘行首先实行公私合营，创建了广州钢琴厂。新乐乐器工业社、付喜琴行先后合营到钢琴厂。至 1956 年末，广州钢琴厂的职工 55 人，固定资产原值 2.82 万元，厂房建筑面积 490 平方米。①

1956—1965 年，广州钢琴制造业从修理向制造逐步发展。

公私合营初期，广州钢琴厂以生产风琴和小手风琴为主，对钢琴只能修理，还不能制造。同年 8 月，开始试制钢琴。11 月制成广州市第一台"珠江牌"钢琴。年底运往香港美华琴行试销成功。

1957 年，政府投资 26 万元在广州基立村建造 5010 平方米的厂房，成立钢琴生产车间，开始投入小批量生产，年产 55 台。同年，产品在广州第一届出口商品交易会展出，通过香港转口销售至新西兰、新加坡、加拿大等地区，开始进入国际市场。

1958 年，政府投资 50 万元，在小北下塘麓湖山岗建造新的厂房。

1958—1959 年，穗声风琴生产合作社、力强五金加工店、大公制锁生产合作社合并到广州钢琴厂。至 1959 年底，厂房面积增到 5500 平方米，职工增到 169 人，年产钢琴达到 236 台，销售 230 台，其中出口 200 台、内销 30 台。

1961 年，因质量问题，钢琴厂外销钢琴遭到外商退货，仅索赔的运输费就达 2 万多元港币。为此工厂亏本，停产整顿。同年，

---

① 江泉：《广州钢琴厂今昔》，《芳村文史》（第三辑），1991 年，第 46 页。

将光复路生产车间搬迁到维新路（今起义路）瑞柏园。

至 1966 年，钢琴厂固定资产原值从 1956 年的 2.82 万元增至 118.82 万元，职工人数从 51 人发展到 217 人，从只有一台锯床增加到大小各种通用设备 50 台，利润达到 18824 元。1965 年 5 月，分散在维新路、登峰北路的厂房集中搬到芳村，占地面积 9500 平方米，厂房面积 6000 平方米，结束了钢琴生产分散落后的局面。广州钢琴厂开始成为国内四大钢琴生产基地（上海、北京、营口、广州）之一。

1966 年"文化大革命"开始，钢琴生产受到严重冲击，产量一度下降。1968 年产量 301 台，比 1965 年下降 10%，以后才逐步回升。与此同时，在"政治并厂"的影响下，企业又分又合，生产极不稳定。

1968 年 12 月，广州钢琴厂与红卫乐器厂（原华英乐器厂）、广东乐器厂实行"同类国营厂"合并，改名为"广州乐器厂"，生产钢琴的同时，又生产小提琴、吉他、花铃鼓、狮鼓和铜号等多种乐器，造成产品比较复杂的情况。

1971 年，广州乐器厂又分为广州钢琴厂和广东乐器厂，原来红卫乐器厂的职工分别分配到两厂。广州钢琴厂以生产钢琴为主，并兼生产脚踏风琴、手风琴。

1973 年，国家投资 40 万元建造五层高的共 4000 平方米的钢琴生产车间，进一步扩大钢琴生产。1975 年，将手风琴转给岭南乐器厂生产，集中力量发展钢琴生产。

十年动乱时期，在"左"的思想影响下，工厂的规章制度受到严重破坏，生产管理比较混乱，每年钢琴平均产量只有 573 台。1966—1975 年的产量平均增长 11.6%，利润平均增长 25.6%，与北京、上海、营口三家钢琴厂相比，产量最低。职工人数从 217 人发展到 288 人，厂房面积从 6000 平方米发展到 1.2 万平方米，设备从 50 台发展到 97 台。

1976 年开始整顿劳动纪律，把被破坏的规章制度逐步恢复起来，建立定额管理制度，实行超定额奖励，先后建立了生产、质量等原始记录 6 种，劳动生产率、销售、利润等统计台账 9 种，物资消耗工时定额管理制度 4 项，标准化工作等规章制度 16 项。

广州钢琴厂的钢琴按照国外需要，结合中国传统工艺设计，选用柚木、楸木等上乘材料，精工制作，以造型美观、音色优美、发音洪亮、触感灵敏，赢得用户喜爱。"珠江牌"钢琴的音色比得上东欧、日本和韩国的产品，甚至达到联邦德国产品的水平，销路不断扩大。

（五）芳村藤织工艺中心——广州藤厂

广州藤厂（简称"广藤"）位于芳村区石围塘街高梓里。广藤制品有藤织件、藤笪藤席、藤家具及藤料等，产品行销国内外。

新中国成立初期，党和政府大力扶助工农业发展。1952 年 3 月，广州市政府指定由市百货收购站统购包销五眼桥一带个体经营者的藤制品。1954 年成立了市联社，广州市第一藤器生产合作社在芳村花地成立。1955—1956 年，市第二、三藤社及琼光社相继成立。一、二、三社以生产藤织件为主，琼光社专营藤料加工。1958 年 5 月，四家藤社在原基础上，先后与和平藤器社、永明藤器供销社、市联社附属藤厂、社建组及南塘藤器小组等 9 个单位，组成广州合作藤厂，广藤正式成立。①

广藤建厂初期，资金不足，流动资金仅有 10 万元。厂房设备简陋，只有刨藤机 1 台，削藤细车 8 台。生产场地是租用的几间简易平房，而且技术落后，基本是手工操作。面对困难，厂领导

---

① 陈哲丹、黄泰来：《芳村藤织工艺中心广州藤厂》，《芳村文史》（第三辑），第 52 页。

和全体职工一起，艰苦创业，利用工余时间义务劳动。现在一车间的拣藤、打洗等2000多平方米的工场，就是当年领导与职工的劳动成果。1959年，上级把原市第二炼焦厂的地皮（今广藤三车间新建部分及四、五车间范围），全部无偿划给广藤。广藤面积达到4000多平方米，建筑面积约500平方米。在这一年中，既增添了藤房基地，又配备了技术骨干，为进一步发展藤织件、漂藤工艺及藤笪、藤席等产品开创了新局面。但仅过了半年，"大跃进"风潮使生产受阻。1960—1962年，三年经济困难时期，在漂藤工艺、编织藤件方面仍有新的突破。1960年代初期，藤厂接受了东南亚国家的6名留学生来学习藤织工艺。其后，副厂长梁汉以专家身份前往东南亚协助建办藤厂。藤厂还用藤芯、藤皮编织了几套藤盒，送给国务院副总理陈毅作盛围棋之用。

1963—1966年初是中国手工业集体经济继续恢复和调整的时期。在此期间，秀艺藤器社、沙凤五金社等7个社组先后并入广藤，职工达到852人。在发展厂外加工点45个后，人数达1400多。1966年初，职工们自行设计、制造了拉藤机和洗藤机将拉藤皮、洗藤枝等传统的手工操作改为机械、半机械操作。这样既降低了操作上的劳动强度，又提高了工效，产品质量也有了保证，从而促进了生产的发展。据统计，1964年广藤产值是297.5万元，销售总额163.4万元，利润总额19.6万元，三项指标与建厂时相比都翻了一番。另外，厂里建成两座两层高的新厂房，建筑面积2068平方米。机台已有刨藤大车2台，卧式拉骨机1台，担挑骨机1台，削藤细车8台，孖咀骨机1台，象眼织笪机5台，插花架24部。机修部门还配有铣床、钻床、刨床、车床等设备共6台。厂房、设备的增加，为广藤发展成初具规模的企业打下了坚实的基础。

十年动乱期间，藤厂几经分合、转产，人员调进调出，给广藤的发展带来阻滞。

1976 年 10 月，"四人帮"垮台，中国大地迎来了科学的春天，广藤工人成功地改革了"织藤笪胚机"。据史料记载，自织藤笪胚机问世以来，一直都是沿用有梳的。这种机生产出来的藤笪胚质量稳定，但产量低、噪音大、耗电多、占地面积大、维修工作复杂。为解决这些难题，广藤负责织笪机维修的 9 位工人，利用工余时间，对原有梳织笪机进行大胆改革，只用了 5 个月时间，第一台无梳织笪机诞生了。它的优点是产量高（由原来日产 5—6 匹提高到 12—13 匹），噪音小，节约了电力及钢材，机台占用面积是原机的一半，维修简便，质量也较稳定。接着，他们又继续把原有的有梳织笪机全部改为无梳织笪机。广藤无梳织笪机的改革成功，为藤器专业机械的发展作出了一定的贡献。

（六）饮誉中外的广州织金彩瓷工艺厂

广州织金彩瓷工艺厂坐落于芳村大道。新中国成立初期，在港澳的 41 名爱国彩瓷工人响应周恩来的号召，回广州参加建设。他们会同在广州的 20 名彩瓷工人和在省内的 4 名彩瓷工人共 65 人，经过与广州陶瓷出口公司商谈，达成协议，于 1956 年 8 月重新组建广彩加工场，场址在天成路 96 号。

1957 年 8 月，广彩加工场转由市工艺美术联社接管，改为地方国营广州织金彩瓷工艺厂。1958 年 4 月，厂址迁到大德路 160 号。工厂逐年发展，大量吸收艺徒。到 1965 年，全厂人数增至 350 多人，并培养了一批有设计能力的青年艺人。1962 年，贯彻中央恢复与发展国民经济的"八字方针"（调整、巩固、充实、提高），广州织金彩瓷工艺厂从地方国营改为合作工厂。1976 年，广州织金彩瓷工艺厂迁往芳村大道 97 号，迁址后厂房比原来扩宽了数十倍，面积近两 2 万平方米。[①] 改革开放以后，每年来厂参观的外宾人数比之前增加了近 10 倍，广彩也成为许多外国游客必购的纪念品。

[①] 广州织金彩瓷工艺厂宣传办：《饮誉中外的广州织金彩瓷工艺厂》，《芳村文史》（第四辑），1992 年，第 17 页。

第三节 "文化大革命"时期老区和荔湾在曲折中发展

一、"文化大革命"时期的老区

1966 年 5 月，老区所在的鹤洞人民公社成立了"文化大革命"领导小组，领导本地区的"文化大革命"。8 月，鹤洞人民公社贯彻中共中央《关于无产阶级文化大革命的决定》，进一步动员干部群众投入"文化大革命"，运用"四大"（大鸣、大放、大辩论、大字报）方法与"党内走资本主义道路当权派"作斗争。9 月，各小学、中学停课闹革命，红卫兵四处串联，对公社内的文物、古迹造成了一定程度的破坏。受政治运动的影响，裕安围开始对村内"四类分子"（地主分子、富农分子、反革命分子、坏分子）进行严密管控。这年冬天，在农村开展"割资本主义尾巴，堵塞资本主义道路，消灭私有制"运动，生产队种植计划，一律"以蔬菜为纲"，不少花果树木被砍伐。次年，鹤洞人民公社党委书记被"造反派"批斗。

1968 年，鹤洞人民公社改名为永红人民公社，并成立永红人民公社革命委员会。在 1969 年开展的"一打三反"（打击现行反革命活动，反对贪污浪费、反对投机倒把、反对铺张浪费）运动中，永红人民公社召开大小批斗会 148 场，共批斗 135 人，制造了不少冤假错案，伤害了不少干部群众。

1970 年 10 月，广州市召开了农业学大寨会议，要求"大战

100 日，誓夺 1970 年国民经济计划完成和夺取工农业生产的更大胜利"。公社党委专门召开大会进行动员。社属企业单位、居委、教师和高年级学生在大队统一安排下，自带工具轮流参加。各大队抽出 50% 以上劳力投入积肥改土、水利排灌、扩大耕地面积。

1973 年春，鹤洞人民公社掀起学大寨高潮。公社兴修农田水利，共完成土石方 16.21 万立方米。新建节制闸 7 座，电排站 2 座，水闸 1 座。新开河涌 29 条，清深河涌 120 条，新增加和改善农业田灌溉面积 2613 公顷。学习大寨"千里百担一亩田"的精神，大队、生产队出动人力、单车、船只到几十里外的地方积集土杂肥、绿肥、濠泥、涌肥 4.4 万吨；每天出动 4000 多人，连续突击 3 天，共铲田基三面光 797.3 公顷，占农田面积的 90.6%。水稻种植密植化，每亩达 20 万株以上。[①]

"文革"期间，裕安围和凤溪的村民白天劳动、夜晚学习，努力克服外界政治运动的干扰，孜孜不倦地用劳动努力改善生活。由于裕安围和凤溪村所在的鹤洞人民公社距离广州的政治中心较远，信息交流闭塞，受到的影响也相对较少。但总体来说，"文革"十年里，包括凤溪和裕安围革命老区在内的鹤洞人民公社经济发展缓慢，农作物产量低于"文革"前的平均水平。据统计，"文革"期间鹤洞公社的水稻年亩产徘徊在 560 公斤左右（20 世纪 70 年代末为 600 公斤）；蔬菜亩产仅 2000 公斤左右（20 世纪 60 年代初期平均亩产 2500 公斤左右，70 年代末期平均亩产 3300 公斤左右）；花卉种植受到摧残（只准种香花，不许种观赏花）。芳村地区的工业生产十年中有两年下降，工业总产值平均年增长

---

① 东漖镇地方志办公室编：《广州市芳村区东漖镇志》，广东人民出版社 1994 年版，第 85 页。

率仅为 4.03%。①

二、"文化大革命"时期的荔湾

"文革"期间，荔湾的区街工业同样受到了冲击，处于萎缩状态。1970 年 5 月，广东省革命委员会印发《关于整顿、巩固和发展广州市街道工业的意见》，放宽了街道工业的经营范围，才使区街工业重现生机。1970 年，全区区街工业总产值恢复到 3675.71 万元，比 1966 年增长 26.9%。② 这一年，也是荔湾区的区街工业从加工服务型向制造工业商品生产型转变的一年，商品生产得到发展，产品种类、花色品种不断增加。1972 年，开展以岗位责任制为中心的企业管理活动，建立健全考勤、质检、统计、安全生产、设备维修、材料保管、经济核算等制度。经过几次整顿，荔湾区的区街工业摆脱了停滞的局面，扩大与大工厂挂钩协作，承担商业和外贸部门的加工生产任务。荔湾旋具厂的广州牌螺丝刀、荔湾针织厂的"梅花牌"羊毛衫等均达到一级标准。但因区街工业过于强调"厂社挂钩""做大工厂的配角"，加上分配上的平均主义的"大锅饭"和极左思潮影响，荔湾区街工业发展仍然受到很大束缚。

商业方面情况也类似。上下九—第十甫—太平南—西濠口，龙津东路—长寿路，西华路—宝华路—梯云路的三级国营商业网络区和零售网点受"文革"影响发展缓慢。许多餐饮业的老字号被当成"四旧"（旧思想、旧文化、旧风俗、旧习惯）而改去原

---

① 芳村区地方志编纂委员会编：《广州市芳村区志》，广东人民出版社 1997 年版，第 274 页。

② 荔湾区地方志编纂委员会编：《广州市荔湾区志》，广东人民出版社 1998 年版，第 190 页。

有的字号，冠以"四新"（新思想、新文化、新风俗、新习惯）的名字。如陶陶居易名为"东风楼"，莲香楼易名为"东升楼"，广州酒家易名为"广州饭店"等。1973 年，全区饮食业仅剩 81 户国营店，个体私营商业则全数被取缔。第十甫西关食街，在新中国成立初期有大小饮食店 29 家，"文革"期间停业 12 家、并店 4 家、迁店 2 家。① 上下九、第十甫路商业一条街显得萧条冷落。1959 年，全区百货商业网点 213 户，"文革"期间菜栏（菜市场）也遭到关闭，恢复了统购统销的供给制，居民"吃菜难""食肉难""食鱼难"问题突出。

　　"文革"期间，全区在教育、卫生、文体、对外交往等方面也受到冲击和影响，发展陷于停滞。

---

① 荔湾区地方志编纂委员会编：《广州市荔湾区志》，广东人民出版社 1998 年版，第 242 页。

第六章

改革春风暖荔湾：改革开放时期

　　党的十一届三中全会以来，中国共产党坚持理论联系实际，廓清各种束缚实践发展的思想迷雾，解放思想，与时俱进，求真务实。在中国特色社会主义道路上，荔湾区委、区政府带领荔湾人民勇立潮头，敢为天下先，蹄疾步稳，谱写了荔湾改革开放的新篇章。

荔湾开放谱新篇

1976 年 10 月，中央政治局采取果断措施粉碎"四人帮"，宣告十年"文革"结束。经过 1977 年、1978 年的逐步调整与整顿，1978 年 12 月，荔湾人民终于和全国人民共同迎来党的十一届三中全会的伟大历史转折。荔湾和老区人民从此走上了勤劳致富的康庄大道，开启了改革开放和社会主义经济建设的历史新时期。

一、改革开放时期荔湾经济社会发展概貌

改革开放后，荔湾区委、区政府贯彻执行改革、开放、搞活的经济方针，充分运用沿海开放的特殊政策，灵活多样地发展地方经济。重点发展集体经济、民营经济、个体经济。在集体经济方面，20 世纪 80 年代初，荔湾区开始调整区街工业结构，逐步将成本高、质量差、污染大的生产车床、冲床、汽车配件、拖拉机配件等企业转产轻纺产品，引进先进设备，接受外商来料加工、来件装配、来样定造、补偿贸易的"三来一补"业务，同时逐步发展起一批中外合资企业。为多渠道发展经济，改变单一的区街工业经济局面，实行各部门兴办企业，宜工则工，宜商则商，多方位发展经济，在政策上给予新办企业优惠。

1980 年 7 月，荔湾区成立区劳动服务公司。20 个街道分别成立街道劳动服务公司，到 1990 年底，区劳动服务公司发展工业、商业、饮食服务等企业 899 户，职工 9743 人，营业收入 54637.05

万元，利润 1397.22 万元，成为新增财政收入的重要来源。区属文化、教育、外贸、侨属企业、物资供销、民政福利、建筑工程等系统新办一批企业，实施多渠道发展经济，区第三产业有较大发展。1984 年 7 月，广州市将辖区内原属市管的部分百货、饮食服务业、副食品商店、肉菜市场下放荔湾区管理，新增管理的国营和集体商业企业共 382 户，职工 8565 人。区房地产业、金融保险业也有发展，新办了荔湾区城市建设开发公司、西关建设开发公司、荔华房产经营公司、荔湾区信托投资公司和荔湾区劳动保险公司，另有荔湾区信用联社及金花、清平、西村、光扬等四个街道城市信用社。

荔湾个体工商业也有较大发展。根据"扶上马，送一程"的政策，荔湾从税收、场地、管理费等方面提供多种优惠和服务。以个体业户为主导的集市贸易空前活跃，20 世纪 80 年代，清平市场被国家工商局评为"文明集贸市场"，上九路、下九路、第十甫路被商业部命名为"全国商业文明一条街"。到"七五"期间（1986—1990 年），个体经济稳步发展，个体工商户营业额达到 92838 万元，全区农副产品市场有 13 个，集市贸易额达到137091 万元。1990 年末，全区共有个体工商户 7879 户，从业人员 10304 人。

"七五"期间，荔湾区全面贯彻党中央关于治理整顿、深化改革的方针，以区街工业、商业、集体经济为主体的多渠道、多种经济成分、多层次经济得到发展，区财政收入逐年增长。1990年，荔湾区财政收入 13478.82 万元，全年社会总产值 96746 万元。其中，第二产业总产值 51622 万元，占社会总产值的53.36%，第三产业总产值 45124 万元，占社会总产值 46.64%。"七五"期间，区财政收入达 51887 万元，比"六五"期间（1981—1985 年）增长 1.61 倍，年均递增 14.43%。随着城区开发工作的进展，20世纪90年代的荔湾区已经成为一个繁华的中心城区。

"八五"期间（1991—1995年），荔湾区经济建设跃上新台阶。全区生产总值66.79亿元，年均递增24.7%。全区利润总额7.99亿元，其中1995年利润总额为2.18亿元，年均递增23.64%。全区财政总收入13.47亿元，其中1995年财政总收入3.9亿元，年均递增23.64%。私营个体企业总产值3.42亿元，其中1995年私营个体企业总产值1.02亿元，年均递增21.2%。到"八五"期末，全区工业私营企业800户，从业人员320人，比"七五"期末增长4.26倍和1.99倍；个体业户9100户，从业人员1.2万人，分别比"七五"期末增长15.23%和16.46%。"八五"期间荔湾区开始了从传统计划经济体制向社会主义市场体制转变，经济体制改革取得了新突破，制定了一批企业产权制度改革的配套文件，完成区属国有、集体企业的清产核资和资产评估工作。1993年初，中共广州市荔湾区第七次代表大会确定"优先发展第二产业，加快发展第三产业"的经济发展思路。

"九五"期间（1996—2000年），以建设商贸文化旅游区为目标，力求实现经济体制和经济增长方式两个根本转变，荔湾区经济持续稳定健康发展。1997年，全区生产总值28.02亿元，年均递增16.56%；社会消费品零售总额59.49亿元，年均递增23.18%；工业总产值21.65亿元，年均递增23.82%；利润总额2.65亿元，年均递增18.3%；财政收入5.83亿元，年均递增27.92%。股份合作企业和个体私营经济快速发展，个体、私营企业突破1万户，非公有制税收占全区的49%，私营企业成为荔湾区经济的重要组成部分。"九五"期末，地方生产总值42亿元，比"八五"期末增长69.02%；地方财政收入4.19亿元，比"八五"期末1.99亿元增长1.1倍，社会消费零售额"九五"期末

82亿元，比"八五"期末49亿元增长67%。地方生产总值年均递增11.07%。"九五"期末年纳税100万元以上的纳税大户107户，比"八五"期末增加近1倍。"九五"期间固定资产投资4.47亿元，比"八五"期末2.55亿元增加了75.58%，家底增厚了。

"十五"期间（2001—2005年），荔湾经济社会发展进入新阶段，紧紧围绕建设荔湾现代化商贸文化旅游区，按照"优先发展第三产业、优化发展第二产业、优质发展第一产业"的工作思路，围绕"一街、两岸、三路、四园、八区、十场"及一批特色专业街的发展格局，积极推动产业升级和布局调整。荔湾城区综合实力不断增强，经济持续快速健康发展，经济发展质量和效益进一步提高，科技应用和信息化普及程度有较大提高，改革开放取得新进展。"十五"期间，地区生产总值年均增速10.8%，社会消费品零售总额年均增长10.1%，一般预算收入年均增长12.16%，职工人均工资年均增长10.2%，"十五"计划确定的主要发展目标提前实现。"十五"时期国民经济和社会发展的成果，为实施"十一五"规划，加快荔湾现代化商贸文化旅游区建设进程奠定了坚实的基础。

"十一五"期间（2006—2010年），荔湾以"四区六化"为发展定位，全面实施"商旅带动、产业升级、文化引领、科教兴区、环境优化"五大发展战略，大力推进白鹅潭经济圈建设。2010年，荔湾区委以加快转变经济发展方式为主线，优化产业结构，完善发展载体，实施固定资产倍增计划，强化重点项目带动，实施白鹅潭经济圈和十三行商圈"两圈"带动、现代服务业和新型工业"两轮驱动"，商务服务、创意产业等现代服务业规模和质量不断提升，烟草、装备制造等新型工业发展势头强劲。实施"退二进三"和"腾笼换鸟"战略，汇聚发展高端业态。荔湾创意产业集聚区和广东光电产业基地获得"广东省首批现代服务业集聚区"称号。荔湾注重发展总部经济，中山七路、中山八路、康王路等总部经济带集聚效应不断增强。鞋业、茶叶等专业市场借助信息技术完善现代交易平台。2010年，民营经济增加值占全区总量的36.6%。打造餐饮、手信等特色街区，老字号品牌效应进一步提升。到2010年，地区生产总值跃升至612.55亿元，一般预算收入跃升至31.18亿元，实际利用外资累计16660万元，社会消费品零售总额跃升至405.11亿元，全社会固定资产投资跃升至188.23亿元，三次产业比例为0.8∶28.6∶70.6。相比于1991年的0∶33.3∶66.7，产业结构进一步优化调整。

"十二五"期间（2011—2015年），荔湾全面实施"文化引领、商旅带动、产业转型、创新驱动、环境优化"战略，协同推进传统、现代、自然"三大板块"建设。2015年，地区生产总值1011.9亿元，一般预算收入42.2亿元；社会消费品零售总额达716.7亿元；固定资产投资额（项目在地）五年累计完成1316亿元，超额完成"双千亿"规划目标，地区生产总值年均增长9.2%，固定资产投资五年累计完成1316亿元，年均增长14.6%，一般公共预算收入收入平均增长6.5%，税收总额年平均增长6.5%。三次产业比例由"十一五"期末的0.8∶28.6∶70.6调整为"十二五"期末的0.5∶21.6∶77.9，服务业增加值达到788亿元，产业结构不断优化，城市面貌发生显著变化，传统、现代、自然三大板块建设得到推进，完成荔枝湾涌综合整治，新增公共绿地28.8万平方米。区财政投入民生社会事业244.6亿元，推动了社会事业全面进步，提高了人民幸福感。

二、白天鹅宾馆：中国内地第一家合资的五星级宾馆

白天鹅宾馆位于荔湾的沙面岛，是改革开放初期利用外来资

金合建的大型现代化酒店，是中国第一家自己设计、建造和管理的酒店。1985 年，白天鹅宾馆被接纳为"世界一流酒店组织"成员。中国改革开放的总设计师邓小平、英国女王伊丽莎白二世、美国前总统老布什等中外元首和政府首脑曾下榻于此。

（一）白天鹅宾馆的兴建

1978 年，中央决定利用外来资金合建酒店，港商霍英东积极响应。中央有关部门会同广东省、广州市，与霍英东协商，率先达成合作兴建白天鹅宾馆的共识。

在选择宾馆地址时，霍英东相中了沙面。沙面曾是租界，在这里建造一座高级酒店，"能长民族志气"。在确定宾馆名字时，考虑到沙面过去叫白鹅潭、白天鹅飞得快且高，最终定名"白天鹅宾馆"，寓意宾馆将会像白天鹅一样振翅冲天、一鸣惊人。

鉴于当时引进外来资金发展旅游事业"接谈的不少，谈成的不多"的情况，广东省委第一书记习仲勋、全国人大常委会副委员长兼国务院港澳办主任廖承志等十分关心项目进展。1979 年 4 月初项目获批、合作协议书签订，这是内地利用港资兴建宾馆的第一份协议书，可谓"一马当先"。1983 年 2 月 6 日，白天鹅宾馆正式开业。

（二）"白天鹅"促进荔湾改革开放

1. 推动区域经济发展

白天鹅宾馆作为一家创设于广州的世界一流酒店，对改革开放大潮初涌的广州特别是所在的荔湾区的改革、发展和社会转型，起到了很好的促进作用。

一业带动百业兴。霍英东 1987 年 2 月在《从白天鹅宾馆看国家的改革、开放、搞活政策》中说：旅游事业的发展带动城乡各行各业，随着市场需求的增加，物价的调整，农民生产积极性得到发挥。"'白天鹅'虽然只是一家酒店，但从其规模来说，实际相当于一个小市镇，客人和职工人数，经常不少于5000人，如果把为'白天鹅'服务的有关人员加起来，可能要超过1万人。要保证高标准地供应5000多人的衣食住行及水、电等等，是极不容易的，物资需求量很大，品种繁多。这些需要改变了市场，市场的需求也促进了生产，结果生产和市场渐渐活跃起来。"① 曾任职白天鹅宾馆人事部的杨跃穗回忆说，白天鹅宾馆开办后，最明显的变化是带旺了礼品商场，出现很多卖小工艺品的商铺。②

荔湾区委、区政府也充分利用白天鹅宾馆开业的契机，积极配合应对，加快改革发展步伐。白天鹅宾馆兴建后，沙面街管理服务等事务性工作突然多了起来，而且涉及外交和港澳台侨工作，政治性很强，所以管理要求越来越高。

白天鹅宾馆的兴建，为荔湾的商业发展增加了新的动力。1979年，几乎在白天鹅宾馆兴建的同时，邻近的清平路上，一个占地6000多平方米的农副产品市场——清平市场也开张了。全国各地乃至海外地区的商品源源不断运到这里，销往各地。清平市场成了中国改革开放的一个窗口，引起世界的关注。入住白天鹅宾馆的尼克松、基辛格等国家政要也慕名前来这个市场参观、访问。③ 白天鹅宾馆的发展与清平市场的兴旺，形成良性循环，共同拉动荔湾区的经济与社会发展。

2. 提升社会文明程度

兴建白天鹅宾馆，引进的不只外来资金、先进设备，还有先

---

① 雷铎编著：《光荣与求索：霍英东之梦与白天鹅之路》，中国旅游出版社2000年版，第129—130页。

② 刘艳华2016年1月26日访谈原沙面街综治维稳办主任罗兆祥、白天鹅宾馆行政部杨跃穗。

③ 叶曙明：《最是梦萦家国——霍英东与改革开放》，广东人民出版社2008年版，第147页。

进的科学技术管理经验和思维方式。荔湾人的经营管理、科技知识和服务水平都有所提高，生活方式和思想面貌也悄然发生了变化。

白天鹅宾馆开业后实行"四门大开"。"宾馆开放了，市民一进来看，觉得这是人间仙境。原来中国还有这样的地方，生活一下有了希望。"在接下来的几年里，"看白天鹅"都是广州人的一件大事，有些人特地打车过来，认为必须打车才配得上白天鹅。①

白天鹅宾馆对平民开门，凸显广州平民城市的气质和乐于分享的精神。与市民分享社会发展的成果，在开放中建立互信，这是这家宾馆对广州城市精神文明建设的一个贡献。

白天鹅宾馆为国人打开了一扇看世界的窗，也向外国友人展现了中国的新气象。据白天鹅宾馆统计，酒店营业 30 多年来共接待过 40 多个国家的 150 位元首和王室成员。透过白天鹅宾馆，普通市民看到了改革开放带来的生活改变，外宾则看到了中国的进步。

三、南方谈话推动荔湾私营经济发展——立白集团的兴起与发展

1992 年的春天，邓小平视察南方并发表重要谈话，开启了改革开放后第二次思想大解放。南方谈话突破了姓社姓资问题的藩篱，为荔湾及时探索并推动个体和私营经济发展指明了方向。荔湾成立了荔湾区个体和私营经济工作领导小组，在政策上对个体和私营经济予以照顾，在经济上对个体和私营企业主给予扶持，立白集团正是这个阶段在荔湾成长起来的一个比较有代表性的民

---

① 杨小鹏、王建坤、沈沂：《开放先锋"白天鹅"》，《21 世纪商业评论》2007 年第 1 期。

营企业。

（一）立白集团的兴起

1994 年，来自普宁的陈凯旋兄弟俩带着 5 个人来到广州，创立了广州市立白洗涤用品有限公司。[①]

立白初入市场，主要销售"立白"商标的洗衣粉。当时很多国有洗涤企业具有技术、生产设备及人才要素，但缺乏市场意识，不懂得、不熟悉、不适应市场的转型。陈凯旋利用国有洗涤企业的优势，进行"贴牌生产"，制定出优于竞品的标准，要求工厂按照自己的标准来生产。

在产品营销方面，立白避开大城市，主攻农村市场，充分发挥了小企业决策灵活、掉头快的优势，在保证质量前提下将价格定位得更为合理，迅速在农村市场打开了局面。

短短几年，立白占领了大部分乡镇市场后，开始进军中心城市，最后决战广州市场大获全胜。1997 年，立白只用了短短三年时间颠覆了广东洗衣粉市场格局，在广东省做到销量第一。之后，立白洗衣粉迅速在全国市场铺开。

1998 年，广州立白企业集团有限公司成立，立白开始立足广东放眼全国，迅速打开了全国市场，从区域品牌成为全国知名品牌。2002 年，立白集团首个大型生产基地在广州番禺全面落成。自 2002 年起，立白连年荣登"中国私营企业纳税百强"排行榜，荣获"中国优秀民营企业""全国守合同重信用企业""中国优秀诚信企业"等荣誉称号。

（二）以科技创新引领中国绿色洗涤革命

为了保持可持续发展和鼓励创新，立白集团每年将销售收入

[①] 荔湾区委组织部编：《荔湾足迹》，广州出版社 2019 年版，第 61 页。

的3%用于研发。经过20多年的积累，立白集团拥有一个"博士后科研工作站"、一个"院士专家企业工作站"、一个"中国轻工业绿色洗涤用品重点实验室"、两个"高新技术企业"和四个"省级科技研发中心"。同时立白集团与中国日化研究院、美的集团等科研院校及企业结成战略合作关系，形成了产学研一体的创新网络。

在立足本土力量创新的同时，立白还积极拓展对外联系。立白集团与德国巴斯夫、美国陶氏化学、美国杜邦、美国路博润、丹麦诺维信等世界500强的化学品公司建立战略合作伙伴关系，成立了国际协同创新中心。2014年4月，在丹麦女王和亲王的见证下，立白集团与全球最大的酶制剂公司诺维信签署战略合作协议。

立白集团参与制定和修订38个国家和行业标准，主导或参与了十余项原材料国家标准的制定工作，其设定的原料标准在质量和安全性方面均处于国内行业领先水平。立白集团的创新研发中心每年完成100多种新产品和新技术的研究，其中70%以上属于高新技术产品。

立白集团坚持以科技创新引领中国绿色洗涤革命，不仅各大生产基地的生产运营过程绿色环保，原材料、配方到消费者的使用过程都执行绿色环保、健康安全的高水准，实现了产品的全生命周期管理。目前，立白集团的洗涤剂配方中来源于可再生资源的原材料已经占到70%，所有原料的生物降解性全部超过了90%。

2016年，立白集团发布行业内首个"绿色健康战略"，以全面推广绿色健康洗涤用品为目标，带动上下游全产业链，实现绿色原料、绿色配方、绿色技术、绿色制造、绿色产品，从而引领洗涤行业的绿色革命。

（三）立白集团的发展壮大

1. 开启大日化战略

2004年，立白集团确定了大日化发展战略。同时也拉开立白集团在全国范围内收购、兼并的大序幕。2005年11月，立白集团并购重组天津蓝天集团股份有限公司，进入口腔护理领域。2006年4月，收购重庆奥尼品牌；7月，收购并成立上海新高姿化妆品有限公司，进入化妆品领域。立白集团的大日化战略版图初步形成，产品范围涵盖织物洗护、餐具洗涤、消杀、家居清洁、空气清新、口腔护理、身体清洁、头发护理、肌肤护理及化妆品等九大类几百个品种。

2007年4月，立白集团成为2008年北京奥运会洗涤用品和残奥会洗涤用品独家供应商，也是行业内唯一一家本土赞助企业。同一时期，立白集团的既有产品相继取得突破性发展。2007年，立白洗洁精以32.7%的市场份额实现全国销量第一。2008年，立白洗衣粉以25%的市场份额实现全国销量第一；洗衣皂、消杀产品等也进入行业前三。为满足全国市场，立白集团陆续在全国建设了13个生产基地、30多个分公司，营销网络星罗棋布，遍布全国各省（区、市）。到2017年，全集团销售收入已经突破200亿元，洗涤剂销量全国第一、世界第四。洗衣粉、洗洁精和洗衣液分别以25%、42%和22.5%的市场份额占据全国第一。在国家历年的抽检中，立白产品合格率达到100%。2016年，立白集团被工业和信息化部授予"全国质量标杆"荣誉奖牌，是日化行业唯一一家获此殊荣企业，代表行业质量管理最高水平。

2. 布局大健康产业

荔湾区中医药文化历史悠久，医药卫生事业发展稳步推进，区内医疗卫生资源丰富。结合广州市加快推进的IAB（新一代信息技术、人工智能、生物制药）计划，荔湾区主动抢抓IAB产业发展的黄金期、窗口期和机遇期，瞄准未来经济爆发点和人文契合点，依托荔湾区位优势和现有的产业基础，加快布局发展生物医药与健康医疗产业，并将生物医药健康产业列入荔湾区"十三五"的重点发展战略。

2016 年 4 月，立白集团接手国有企业广弘股份在广州国际医药港的股权，开始布局大健康战略。该战略由"一港一基地"两大项目组成，"一基地"为投资 85 亿元的从化国际医药港生物医药基地及华南创新智能生产基地项目，"一港"则是预计总投资超 200 亿元的广州国际医药港项目。

按照规划，未来广州国际医药港将打造成"大健康产业 + 互联网"示范区、国际大健康产业港湾总部集聚区、国际生物医药产业创新孵化基地、永不落幕的大健康产业"广交会"，成为"一带一路"国际大健康产业桥头堡、全国大健康企业门户和枢纽和全国大健康产业一体化服务平台。

《"健康中国 2030"规划纲要》数据显示，到 2020 年中国健康服务产业总规模超 8 万亿元，到 2030 年达 16 万亿元。广州国际医药港大健康产业定下的目标是力争十年内实现 1000 亿元产值，成为中国大健康产业第一品牌。

作为在荔湾成长起来的中国日化领军企业，立白集团肩负起时代赋予的社会责任，长期致力于扶困助学、关爱留守儿童、关心弱势群体、抗震救灾等慈善活动。

四、荔湾经济转型升级——唯品会的兴起与发展

荔湾自古便是广州千年商都的发祥地，风物荟萃、名胜云集，是明清时期中国外贸通商与对外交流的关键口岸。

进入 21 世纪，广州成为国内最具有发展机遇的大城市之一。在这个"机遇之城"，作为"广佛之心"的荔湾区，凭借浓厚的

商业氛围，面对新形势，深化结构调整，优化产业布局，以打造国际商贸中心核心区为战略重点，将全区十大优势产业细分，重点发展专一整合型和垂直型电子商务，引导行业龙头依托电子商务发挥集聚效应，形成全区产业发展的"向心力"。唯品会就是在这样的时代背景下发展起来的。

2008年12月8日，主打"名牌折扣＋限时抢购＋正品保险"的唯品会在荔湾区信义会馆正式成立。唯品会的最初定位是奢侈品，后来经过不断运作调整，扩充品类，定位为一家"全球精选正品特卖"的品质生活平台，涵盖服饰、鞋包、美妆、母婴、居家、生活等全品类。作为荔湾区土生土长的企业，唯品会伴随着荔湾的发展一步步发展壮大。①

唯品会成立于2008年12月。刚刚成立时，第一批员工只有不到10人。2011年，唯品会业绩飞速增长，一年增长了近10倍。

物流是电商最大的成本所在，也是品牌竞争力的重要体现。唯品会很早就预见到物流建设就是转型突破的第一个关口。2010年10月，唯品会把第一轮融资的钱用于仓储物流建设。2011年5月，第二轮融资所有款项用于干线运输网络的建设。在这期间，唯品会相继建成华南、华东、西南、华北物流中心。唯品会凭借对零售商业本质的洞察，提早在仓储物流上发力，为唯品会今天乃至未来的腾飞奠定了坚实的基础。

2012年3月，唯品会在美国纽约证券交易所成功挂牌，到第四季度，唯品会实现盈利。2013年，唯品会年度订单数破亿，靠的正是精确成本控制下的规模扩大效应。

从2013年9月起，唯品会正式对不同省份的物流公司进行投

---

① 荔湾区委组织部编：《荔湾足迹》，广州出版社2019年版，第92页。

资合并，自建物流体系。从 2013 年 1 月开始策划，到 2016 年 8 月完成整个投资并购项目，耗时近 4 年时间，涉及 18 个省份的落地配送公司。公司不仅在全国建立起配送网络，更是在低成本高效率的情况下完成了此次整合动作。唯品会旗下的物流公司品骏快递从 2015 年底开始盈利。

2013 年 2 月 14 日，唯品会宣布收购乐蜂网（美妆市场份额全国第二）75% 股权，成为乐蜂最大的单一股东。自此，唯品会继续发挥自身在服饰鞋包领域的领先优势，并结合乐蜂网在过去所取得的行业优势，共同打造中国最大的时尚购物平台。2014 年第四季度，唯品会美妆市场份额占领第一位，唯品会的战略取得了阶段性的胜利。

2013 年底，唯品会开始切入互联网金融。2015 年初，唯品金融首战告捷，并且在 2015 年的每个季度都呈现几何倍数的增长。

2017 年 5 月 16 日，唯品会正式宣布分拆互联网金融业务和重组物流业务，以打造新的增长引擎。这意味着唯品会将打造一个由电商、金融和物流三大板块组成的战略矩阵。

老区改革焕新颜

党的十一届三中全会开启了中国改革开放的新征程，老区在区委、区政府的领导下，坚决贯彻党的十一届三中全会精神，平反冤假错案，推行家庭联产承包责任制。1978年底，老区所在的广州市郊区鹤洞公社成立落实政策办公室，开始复查冤假错案。全部地主、富农分子一律摘掉帽子，其子女一律称社员。平反冤假错案为老区清除"左"的影响、轻装前进奠定了比较好的政治与社会基础。

一、实行家庭联产承包制

自1978年改革开放开始，老区把工作重点转移到社会主义现代化建设上来。通过积极调整农业政策，适当放宽对自留地、家庭副业等的限制，特别是尊重生产队的自主权，因地制宜发展多种经营，普遍建立各种形式的生产责任制，改变劳动计酬办法，纠正了生产指导上的主观主义和分配中的平均主义，有效地调动了村民的积极性，老区生产迅速恢复和发展，村民收入有所增长。

1980年，老区贯彻落实中央《关于印发进一步加强和完善农业生产责任制的几个问题的通知》，开始试行联产承包责任制，把"统、包、联"三结合。"统"就是坚持土地集体所有制，"包"就是社员与集体经济定承包合同，"联"即联产计酬。1983年，全面推行以"包"为核心的联产承包制，到1984年，基本落实土地承包制。老区在这个时期发展了各种经济联合体，通过联合发展生产和走科技兴农道路，老区城郊型农业得到全面发展。以蔬菜、花卉、养殖业为三大支柱，农、牧、副、渔、花并举，涌现出一批养鸡、养猪、养奶牛、养鱼、种花等专业户，农民初步富裕起来，出现了万元户。20 世纪 80 年代末，老区全面调整承包责任制，国家指令性下达的蔬菜、甘蔗、水稻三大作物计划面积，按生产队现有劳动力人口分包责任田，并保证同一品种连片种植，其余耕地用投标和租赁的形式经营。承包的土地，由承包责任田的农户每年向集体交适当的承包款。有偿承包的投入，主要用于对农业的投入，除果树、鱼塘专业承包项目外，确定土地承包期为 3—5 年，以利于轮作和发展生产。承包土地只能按规定种植农作物，未经生产队同意私自改变土地使用性质的，要交复耕费。通过深化承包责任制，老区农业生产再上新台阶，发展了创汇型和开发型农业，使农产品向特、优、新、高层次发展。

二、推动乡镇企业发展

1978 年以后，我国经济体制改革率先在农村展开，联产承包责任制的全面推行使农民的生产积极性及劳动热情空前提高，农业生产迅速增长，农村出现了富余劳动力。在此背景下，乡镇企业的前身——社队企业得到了迅速发展。老区西塱村办起了村集体企业——西塱饭店。饭店于 1978 年开业，由个人承包，占地面积 320 平方米。裕安围 1978 年成立的酿酒厂，也是社队企业，借由深厚的农业生产基础，裕安围具备酿酒的基本条件。由于生产原料品质好，酿酒环节把关严格，裕安围酿酒厂的酒畅销整个芳村地区，对生产队经济收入拉动超过 40%，让村民第一时间直接感受到改革开放的好处。1984 年，社队企业正式改称为乡镇企业，中央对家庭办和联户办企业及时给予了充分的肯定。至此，乡镇企业结束了初创阶段，进入了一个全面发展新的历史时期。

20世纪80年代中后期（1987年1月老区所在的鹤洞区公所改为芳村区东漖镇），在区委、区政府的支持下，在加强内引外联的基础上，一批村办企业和合作企业异军突起，如华西建材厂、西塱电镀厂、西塱铸造厂、三联搅拌站、三君悦酒楼、西塱运输公司、西塱储运公司、培蕾教育用品颜料厂、凤溪焗油厂。为配合乡镇企业的发展，老区信用社的放贷重点逐步由集体农业转移到乡镇企业和农民承包专业户，采取贴息贷款方式帮助镇、村兴建和改建了一批厂房。到后来，老区的乡镇企业，逐步改变单纯为本地农业生产服务的宗旨，开始瞄准市场，生产适销对路的产品，其中比较具有代表性的有西塱电镀厂、华西建材厂等。西塱电镀厂建于1978年，是西塱的村办企业，建厂初期有职工40人，年产值约10万元，由于经营得好，至1989年成立了3家分厂。主要设备有电镀池、电镀硅等，加工电镀五金零件。到1990年，职工80人，总产值200万元，利润6万元。华西建材厂也是老区西塱村的村办企业，原来是小五金厂，1986年转为生产玻璃马赛克，厂房占地面积4500平方米，主楼建筑面积1300平方米。1990年，职工210人，固定资产85万元，总产值322万元，利润4万元。

广州钢铁厂于1958年建成投产，1962年投产。1981年以后，利润逐年上升，产量不断增长。到1985年，年产钢28万吨。

乡镇企业的发展吸纳了"包产到户"后几乎瞬间释放出来的老区的农村剩余劳动力，推动经济进入高速增长的通道，在荔湾区经济由计划向市场转向的过程中，充当了"马前卒"与"探路者"的作用。

三、推行股份制改革

在世纪之交的 2000 年前后，荔湾的革命老区开始推进农村经营体制改革，这是老区继家庭联产承包责任制后又一次深刻的革命。1998 年开始，依照《中华人民共和国村民委员会组织法》关于"村民委员会管理本村属于农民的土地和财产"的规定及有关文件精神，根据老区实际情况，荔湾老区分别制定了《葵蓬村经济股份合作制章程》和《西塱经济股份合作制章程》，决定建立村、社两级合作股份制，对原村下属各经济社的土地、物业、财产、资金实行由经济股份联合社（简称"经济联社"）统一经营和管理、统一核算。葵蓬、西塱分别成立葵蓬经济股份联合社、西塱经济股份联合社。经济联社的最高权力机构是股东代表大会，由股东代表大会选举产生理事会，通过或修改《股份合作制章程》，通过和讨论其他重大事项。股东代表由全体股东选举产生，股东代表大会每年至少召开一次。经济联社理事会设理事长、常务理事及理事若干人。理事长是法定代表人，常务理事会负责日常业务工作，负责本经济组织生产规划、经营管理、财务管理和明确全部经济计划的执行情况。理事会下设基金会，属于股份合作社的财会机构，在理事会领导下，依法行使会计职权，进行会计核算，实行会计监督，负责经济联社的全部财务活动。经济联社为集体所有制经济组织，其宗旨是坚持自我发展、自我服务的原则，在发展壮大集体经济的同时，逐步提高股红分配，实行独立核算，自负盈亏。股民除入股基金之外，集体资产所折的股值不能抽资退股，只能按持股权的份额参与分红，但规定不能转让和买卖、可继承，不能以股抵欠和抵押。股份制成立后取消过去按责任田、劳动力、人口、口粮等进行分配的方法，一律实行以股分红，多股多分，少股少分，无股不分的原则。股红分配的资金按当年经济联社创收的纯利润，除部分用于扩大再生产之外，余下的属当年股红分配款，并视经营发展的形式调整分红比例，股红视效益情况按既定或年度分配，但不少于一年分配一次，于次年春节前兑现。

为提高效率，实行三个牌子一套人马，即村党支部、村委会、经济联社的领导班子是一套人马。根据原东漖镇《关于推进农村经营体制改革的若干意见》，经济联社在 2000 年 12 月 31 日一次性确认股数，停止配置股份。2003 年，老区实行村一级核算，取消生产社一级，同时制定了《葵蓬经济股份联合社合作经济股份制章程》《西塱经济股份联合社股份制章程》，明确实施有继承无发展的股份制。1998 年葵蓬村的固定资产 991 万元，生产资金 61 万元，共 1052 万元，共有 40790 股，平均每股值 258 元。2002 年 7 月，西塱经济联社资产 2.5 亿元，共有 42766 股，平均每股值 5915.65 元。葵蓬经济联社共有 42337 股，股民 2830 人；西塱经济联社共有 4.27 万股，股民 2697 人。

四、盘活老区生产要素，推动老区群众增收

老区的生产要素包括劳动力、土地、资本、企业家等，随着科技的发展和知识产权制度的建立，技术、信息也作为相对独立的要素投入生产。到了 21 世纪，西塱经济联社利用现有土地资源办起了村级西塱工业园，占地面积约 14 万平方米。

西塱工业园里的广州大来隔断实业有限公司始建于 1995 年，是国内第一家专业的室内隔断产品制造商。公司于 2003 年率先通过 ISO9001 国际质量标准体系认证，通过使用优质的原材料，先进的专业生产设备，高效的生产团队，严格的检验流程，确保产品品质保持一流的水平，是中国建筑装饰协会、广州市建筑协会的资深会员。

广州乐陶陶药业股份有限公司扎根西塱发展近 20 年，是一家集科研开发、生产营销于一体的公司，公司运用现代生物技术对雪蛤油、人参、海参、燕窝等产品进行精加工。厂房面积约 2 万平方米，全国员工 1000 人以上。2020 年上半年，乐陶陶销售收入实现 1.4 亿元，全年可实现 2.5 亿元收入。

西塱工业园里的广州市晖悦婴儿用品有限公司是一家专业设计、生产、销售婴儿系列用品的港资企业。公司成立于 2012 年 8 月，主要产品是婴儿奶瓶。产品获得原国家质检总局 QS（产品生产许可）认证，符合美国 FDA（美国食品药品监督管理局）、ASTM（美国材料与试验协会）和欧盟 EN 71（玩具安全）、EN 1400（婴幼儿安抚奶嘴）标准，在国内多个省份设有销售网点，并出口到五大洲几十个国家。公司厂房面积 9800 平方米，员工 300 多名，机械技术、质量管理等专业人员 40 多人，2019 年营业额约 1.38 亿元。

葵蓬经济联社利用土地优势做好厂房的建设、出租、经营和管理工作，采取多种合作方式，使企业在葵蓬发展扩大生产规模，繁荣本地区经济。2002—2003 年，随着穗盐路的开通，葵蓬经济联社致力于加快道路两旁的商务经济发展，兴建大型商业铺位 3000 多平方米，大型物流仓库、厂房、停车场等每年可为葵蓬经济联社带来 178 万元收入。2004 年，为适应经济发展形势的不断变化，葵蓬经济联社确立了村域经济发展以工业为基础、第三产业为龙头、两个轮子一起转的目标，明确以强化服务为重点、以招商引资为突破口的经济工作思路，确保经济持续发展。辖内企业全年工业产值 15378 万元，总收入 24162 万元，利润 900 多万元、税收 630 多万元。2006 年，葵蓬经济联社工程建设投入 277 万元，新增固定资产（厂房及设备）897 万元。现有物业以茶叶零销售和仓储为主，兼有部分小型加工企业。

2011 年，葵蓬经济联社分别在增城区和佛山市南海区购置工业用地，建成工业厂房用于对外出租。老区以市场经济为导向，以体制创新和科技创新为动力建设规模效益村级工业园等方式，加快集体经济发展，为村民带来更多实惠。

五、老区教育事业蓬勃发展

1951 年，芳村第一小学附设一个幼儿班，幼儿 30 多人，教师 2 人。1979 年开办广州市郊区西塱幼儿园，1990 年有幼儿班 6 个、幼儿 210 人、教职工 22 人。西塱幼儿园，1979—1984 年先后被授予郊区卫生先进单位、"三八"红旗集体、"六好"幼儿园、建设精神文明先进单位及广州市文明礼貌月活动先进单位等称号，1985—1990 年连续被评为区的"六好"幼儿园，1987 年被评为广州市"六好"幼儿园。至 2020 年，老区的主要幼儿园有 11 家。

新中国成立初期，老区贯彻"两条腿走路"的方针，以公办为主，同时号召群众办学，以解决儿童入学的困难。1950 年，广州市第四十小学迁到西塱永安关氏大宗祠，改名广州市芳村第一小学，设 6 个班，学生 190 多人，教职工 13 人。改革开放之初，发展教育事业被提上了重要日程。在香港乡亲关文伟热心赞助下，西塱小学的校舍得到改善。1988 年西塱小学被评为区先进单位、绿化达标单位、卫生先进单位。2004 年，西塱小学被荔湾区教育局评为区一级小学和区级绿色学校。老区葵蓬现有公办小学一所（葵蓬小学），12 班制，师生约 500 人，是一所羽毛球特色学校。

到 20 世纪 80 年代末 90 年代初，随着适龄儿童入学高峰的到来，校舍不敷使用的问题愈发明显。为解决学生入学和升学困难，荔湾老区在西塱小学附设初中班。1988 年 10 月，在西塱村新建一所初级中学文伟中学，同时撤销了西塱小学附设的初中班。文伟中学是为纪念关文伟，1988 年 5 月经芳村区人民政府批准定名的。该校开设了 23 个班，有学生 1065 人，65% 的学生为农民子弟，教职工 82 人。学校占地面积 1.21 万平方米，建办耗资近 329 万元，由多渠道筹集而来。到 1990 年，文伟中学开设 20 个班，学生 872 人，教职员工 74 人，其中教师 61 人。葵蓬有民办九年制学校一所（广豪学校），属市一级学校，有学生近 2000 人。2000 年，西塱村通过引资租赁的形式，引入私立芳华小学。2003 年，投资 700 多万元改造芳华中小学教学楼。2004 年，投入 200 多万元建成高中部教学楼，芳华学校成为老区集幼儿园、小学、初中、高中教育于一身的教育服务基地，被评为"芳村区一级学校"，被教育部确定为"教育部重点课题、团体心理辅导实验基地"。这为进一步提高老区适龄儿童的入学率、入托率，优化老区人口素质提供了现实基础。

党的十一届三中全会后，老区学校教学秩序逐步恢复正常，尊师重教之风逐渐盛行，老区的教学工作走上了正轨。通过业务进修等多种途径，老区的教师素质有了较大的提高。1979 年暑假，公社文教办组织老区学校领导学习教学大纲，组织教师进修教学专题研究。1980 年 12 月，郊区召开教学工作会议，确定了要把主要精力放在研究教学上，坚持以教学为中心，切实抓好教学常规的 5 个环节：备课、上课、作业的布置及批改、课外辅导、学生成绩的考查与评定。1985 年，老区学校实行三级办学，分级管理，实行校长任期目标责任制和教师岗位责任制。班主任贯彻执行《班主任工作条例》，引导学生遵守《中小学生日常行为规范》和《中小学生守则》，成立了德育小组，由校长挂帅，以党、政、工、团、少先队和班主任为中心对学生培优扶差，重视学生自学能力的培养，激发学生的学习兴趣，教会学生学习方法，做到教法与学法有机结合。尊师重教是老区的一贯传统，为稳定教师队伍，提高教学质量和教学水平，村委会在 1999 年设立了奖教助学基金会，筹资 12 万多元，为西塱小学添置了电脑、速印机等。2000 年，由村委会出资 80 多万元，港商关超然出资 36 万元，在西塱小学扩建标准的足球运动场。老区还制定了《优秀教师、优秀学生奖励方案》，2004 年投入了 30 多万元用于教学设施配置和奖励、慰问退休教师等。

改革开放 40 多年来，在政府和社会各界的大力支持下，荔湾老区不断改善农村学校办学条件，初步实现了老区义务教育的均衡发展，老区教育事业取得了巨大的成就。

7

第七章

新时代　新荔湾　新征程

党的十八大以来，荔湾区委、区政府不断推动习近平新时代中国特色社会主义思想在荔湾落地生根，坚持以人民为中心，贯彻新发展理念，在党的坚强领导下稳步推进荔湾各项工作。

全面奔小康　老区再起航

一、加强和改善党的领导

党的十八大以来，荔湾坚持把党的政治建设摆在首位，牢固树立"四个意识"、坚定"四个自信"、坚决做到"两个维护"。严格落实第一议题制度，区委常委会带头讲政治、学理论，把实现荔湾老区发展和老城市新活力要求与实际相结合，用活"绣花"功夫，推动党建引领基层治理。抓实"头雁"工程，发挥"头雁效应"，实现"群雁齐飞"。紧紧围绕全面从严治党的主线，牢牢抓住"不忘初心、牢记使命"主题教育这个重点，扎实推进党的政治、思想、组织、作风、纪律建设，带领全区党员干部勇担职责使命，积极主动作为，为荔湾各项事业快速发展提供坚强的政治保证。

（一）完善党领导老区工作体制机制

为继续保持党同革命老区群众的血肉联系，荔湾区委、区政府非常重视加强和改善党的领导，增强党在集体经济组织的政治领导力、思想引领力、群众组织力、社会号召力，推动各项任务落实，为老区的改革发展提供坚强的政治保证。一是抓制度设计，落实三年行动计划。2018 年 4 月，荔湾区出台党旗红基层党建三年行动计划"1＋9"文件体系，其中专门针对老区经济联社出台1 个子计划，增强计划落实落地的针对性。配备了组织员，实现有阵地、有经费、有人员。二是修订完善股份制章程。出台《荔湾区关于进一步加强经济联社工作的指导意见》，指导老区经济联社完成修订《股份制章程》，把党的组织架构和工作体现到经济联社法人治理结构中，强化党对老区经济联社的全面领导。三是规范议事决策程序。修订完善经济联社经营管理规范性文件 12 项、"三资"（资金、资产、资源）交易规范性指导文本 38 项，确保"先党内、后党外"决策程序、"四议两公开"工作制度等事项明确到集体经济组织相关管理规定之中。同时，指导各经济联社梳理党组织、理事会、监事会等"小微权力"清单，把权力关进笼子里，使决策程序做到规范、科学、民主。

（二）加强老区基层组织建设

党的农村基层组织是党在农村工作的基础。党的十八大、十九大以来，葵蓬、西塱经济联社把党的组织建设摆在突出位置，把习近平新时代中国特色社会主义思想和习近平总书记对广州重要指示精神、在荔湾考察调研时发表的重要讲话精神作为做好各项工作的根本遵循，以经济联社支部领导班子建设为重，扎实开展"不忘初心、牢记使命"主题教育，全面落实党建工作责任制，深入贯彻落实区委和街党工委关于基层党建三年行动提升计划的部署，以严实细精神夯实基础，不断提升基层党组织的组织力，把党组织建设成为推动科学发展、带领农民致富、密切联系群众、维护农村稳定的坚强领导核心。

第一，推动组织设置规范化。2017 年 5 月，顺利完成老区所在的葵蓬经济联社领导班子换届选举工作，选好配强联社领导班子成员。2019 年 7—9 月，荔湾区委巡察组对葵蓬经济联社进行了为期两个月的巡察，并于 9 月底反馈了巡察情况。经济联社党支部对巡察反馈意见高度重视，严格落实区委巡察整改要求，认真学习贯彻《中国共产党章程》《中国共产党支部工作条例（试行）》和党内有关规定，撤销中共茶滘街葵蓬经济联社支部委员会，设立中共茶滘街葵蓬经济联社委员会。葵蓬经济联社于2019年12月通过党员大会差额选举产生党委委员5名，并按时完成葵蓬经济联社党组织书记"一肩挑"的整改工作。西塱经济联社精心组织筹备经济联社换届工作，保障了2017年经济联社领导班子换届工作顺利完成。经济联社领导班子积极开展批评和自我批评，坚定树立"以人民为中心"的服务观念，扎实开展"不忘初心、牢记使命"的主题教育。经济联社领导班子成员以身作则、率先垂范，带头开展学习教育，广泛听取意见、检视反思，抓好问题整改落实。

第二，促进组织决策民主化。葵蓬经济联社推动经济联社党支部决策程序不断规范和完善，重大事项决策均按"四议两公开"要求进行。党支部提议的事项均在理事会上得到充分讨论并贯彻落实；党员大会审议的重大事项均顺利通过股东代表大会决议，确保了党支部在乡村治理和经济联社事务上把方向、定大局的核心作用，把党的领导贯穿于始终，落实落细落具体。西塱经济联社定期召开领导班子内部会议和民主生活会，广集各方意见，力求把工作做细、做好。每季度定期召开基层党组织支部书记工作例会，部署党建工作任务，及时反馈问题，商讨应对方案，提升基层党组织执政水平。

第三，坚持组织学习经常化。葵蓬经济联社党支部坚持把"两学一做"学习教育贯彻始终，努力学懂弄通做实。经济联社领导班子创新工作方法，统筹运用线上"学习强国"学习平台和线下党建学习阵地，常态化开展"三会一课"，努力克服党员尤其是年轻党员多在外就业、难以组织的困难，坚持每月组织党员干部到革命旧址、爱国主义教育基地开展主题党日活动，每季度安排一次党员大会和党课。经济联社实施"党建引领，联动共建，助推葵蓬革命老区发展"书记项目，以党组织建设为抓手，传承革命老区精神，搭建联动共建平台，优化网格管理，突出建章立制，加快老区全面发展。西塱经济联社推进"两学一做"学习教育常态化制度，深入学习党的十八大、十九大精神及习近平总书记系列讲话精神。党的十九大以来，经济联社党支部多次邀请荔湾区十九大精神宣讲团到经济联社为广大党员、干部上党课，着力增强党支部的凝聚力和战斗力。此外，经济联社全力配合荔湾区委组织部在裕安围革命老区纪念馆打造的"新时代红色讲习所"的建设，每月定期开班讲授党课，弘扬革命先辈艰苦奋斗、献身革命的精神。自讲习所开班以来，累计接待72家单位、约2000人次参观学习，极大地宣传了裕安围革命老区的红色历史和光辉事迹，提高了全区广大党员干部发扬老区革命精神、投身于新时代荔湾发展建设浪潮的拼搏干劲与工作热情。

（三）加强老区党风廉政建设

革命老区凤溪村所在的葵蓬经济联社结合农村基层党员干部管理监督实际，开展农村廉情预警防控工作。贯彻执行《茶滘街运用监督执纪"四种形态"抓早抓小工作规范（试行）》，严格落实党内监督条例，运用监督执纪"四种形态"，加强对革命老区党员干部行使权力和落实中央八项规定精神的监督；健全廉政风险防控机制，建立常态的监督检查机制，通过制度建设抓早抓小抓预防；推动监察职能向经济联社延伸，发挥监事会民主监督作用，检查经济联社及直属企业的财务收支状况，监督每月财务公开情况，检查监督凤溪村村务、政务公开情况，提高日常监督实效。加强工作作风常态化检查机制，根据《茶滘街作风纪律检查制度》等制度开展作风纪律检查，营造老区"风清气正"的政治生态。

革命老区裕安围村所在的西塱经济联社严格农村基层党员干

部管理监督，坚决纠正损害群众利益的行为，切实加强农村基层党组织廉政建设，促进农村基层党员干部廉洁自律，确保革命老区党员干部干净履职。西塱经济联社扎实开展经常性党规党纪教育工作，坚持把《中国共产党廉洁自律准则》等党规党纪作为纪律教育的重要内容，推动老区党员干部学党章、守党规、遵党纪，组织全体党员观看廉政教育片《走向牢狱的"规划"》，使广大党员干部自觉用党章党规规范言行举止，强化提升知敬畏、存戒惧、守底线的党风廉政教育实效，不断提高农村基层党员干部拒腐防变的能力。

二、建设新老区

党的十八大以来，在市、区、街各级党委和政府关心和大力支持下，西塱裕安围和凤溪葵蓬革命老区的发展进入"快车道"，经济实力越来越强，人居环境和生态环境越来越好，人民生活越来越富足，乡村振兴取得显著成效，基本实现全面建成小康社会。

（一）推进老区城中村整治改造

广州市政府在 2009 年发布的《关于加快推进"三旧"改造工作的意见》（"三旧"指旧城镇、旧厂房、旧村庄）中明确提出，要用 10 年的时间基本完成统计在册的 138 个城中村的整治改造，在 3—5 年的时间基本完成位于城市重点功能区的 52 个城中村的重建改造工作。荔湾老区的葵蓬和西塱被列为广州市城中村改造的试点单位，主要原因是老区地理位置相对独立，自然生态环境基础好，具有一定的人文历史文化传统，容易达到"投入少、时间短、见效快"的整治目标，为荔湾老区城中村改造带来一次重要的机遇。

习近平总书记于 2018 年 10 月在广州荔湾西关历史文化街区永庆坊沿街察看旧城改造时指出：城市规划和建设"要突出地方

特色，注重人居环境改善"。

葵蓬经济联社深入贯彻习近平总书记指示批示和市住建局城市更新工作座谈会精神，立足坚持全面更新、全面提升，产需融合、精准施策，关注民生、生态优先，打造精品和传承文化的理念，紧抓改造政策全面提速的机遇，以全心全力解决一方经济、村民集体福祉为前提，以荔湾区打造广州"城市更新改造示范区"为契机，努力推进城中村改造高标准高质量规划实施，为荔湾通过旧改展现"老城市、新活力"的城市风貌贡献老区力量。

葵蓬经济联社根据《中共广州市委 广州市人民政府关于深化城市更新工作推进高质量发展的实施意见》和《广州市荔湾区城市更新工作方案》中"全面提速城市更新改造工作，提升综合城市功能"关于葵蓬经济联社旧改项目在2023年底前全面动工建设的工作要求，结合如意坊放射线二期工程建设的需要，按照《葵蓬村城中村改造合作意向书》制定《葵蓬经济联社全面加快推进旧村改造工作方案（三年行动计划）》（简称《工作方案》），确定改造阶段目标和时间表，稳妥有序地系统推进城中村改造工作。

2018年8月，在茶滘街道和荔湾区有关部门的监督指导下，葵蓬经济联社组织2700多名在册社员就葵蓬村旧村改造分场次就改造意愿、全面改造方式、合作改造模式进行实名表决，对现有方案同意率高达92.8%，并成立旧村改造领导小组，最后同意选择广州市万科房地产有限公司作为葵蓬经济联社旧村改造合作意向企业，为推动下一步旧村改造工作打下坚实基础。2019年4月17日，葵蓬经济联社完成基础数据摸查，将摸底数据上报荔湾区住建局，同年8月启动基础数据的复核工作。

在复建房项目建设方面，葵蓬经济联社复建房一期项目已办理大确权，下一步将进行村民户主个人房产证的办理。复建房二期项目已完成总体建设，并于 2019 年 8 月办理了收楼手续。复建房三期先行建设两栋 487 套安置房现正在进行紧张施工。旧村改造方面，城中村供水工程、村民自建危房的拆违改建工程等基础设施和周边环境整治项目已初步完成，对城中村有安全隐患的电线、网线和管线三线"铜改纤"改造工程也已完成 50% 的工程量。

2020 年 10 月，荔湾区住房和建设局同意葵蓬村开展引入合作企业招商工作。按照《工作方案》，计划于 2021 年 1 月完成旧村改造合作企业招商工作，并与合作企业中标单位签署合作协议及相关监管文件；于 2021 年 6 月完成市层面对片区策划方案、控规调整方案的审批后，取得实施方案批复，并通过集体组织民主表决；于 2021 年 8 月完成首期复建地块的拆迁、建设报批工作，并启动首期安置房动工；最终于 2023 年 6 月完成首期安置房建设并交付使用。

在旧村改造中，葵蓬经济联社坚持党建引领、党员带动原则，发挥葵蓬经济联社党委的领导核心作用，发挥支部战斗堡垒和党员先锋模范作用，由班子成员、党员和股东代表带头宣传更新改造、带头确定方案、带头签约，通过签订"党员承诺书"等方式带动周边的村民，加速各项工作的开展；坚持以人民为中心、民生先行原则，坚持"人民城市人民建、人民城市为人民"，以满足老城居民日益增长的美好生活需要为旧村改造根本落脚点。按"民生先行、灵活分片、动态分期"的原则推动城中村改造。采取集体物业先行实施拆迁，私人住宅签一片、拆一片、供一片、建一片的措施，优先配建复建安置房、公共服务和市政基础设施，充分调动村民改造积极性；坚持创新示范原则，在市、区政府优化旧改流程，创新审批的大力支持下，优化各项节点的工作安排，灵活运用旧改先进政策，合理落实好各线条"同步开展、同步报批，同步实施"的推进方针，缩短旧改进程，将葵蓬旧改项目打造成为荔湾区城市更改造示范区。坚持公众参与、共建共治原则，优化公众参与机制，贯彻"共同缔造"理念，搭建公众参与平台，充分尊重群众意愿，以确定性的利益供给和高质量的服务供给激励带动广大群众支持参与城市更新工作，实现决策共谋、发展共建、建设共管、效果共评、成果共享。加强与旧村改造合作企业配合，遵守合作协议的合同精神，定期组织工作街道、经济联社、企业三方工作会议，同心合力推动各项方案报批、共同拆迁，保障政府、经济联社、企业的"三赢"局面。

裕安围于 2009 年开始城中村改造，2009 年 12 月 25 日，经过经济联社股东代表大会表决通过与元邦房地产公司合作开发。经济联社委托广州亚城设计研究院对西塱村进行规划统筹。裕安围革命老区所在的西塱经济联社按照"不用大拆大建、通过整治改造完善基础设施"的模式，探索和推进了西塱裕安围城中村整治改造工程。根据"三旧"改造相关政策，西塱经济联社积极开展城中村改造土地范围及建筑业的数据摸查及测绘工作。《西塱村改造规划方案》已经全体社员股东投票通过。该项目方案于 2009年 4 月获得广州市批准，涉及整治改造范围 13.67 公顷，总投资约 2.5 亿元。西塱裕安围整治改造一期工程于 2010 年动工，2011年 10 月竣工，共拆除集体物业及私人房屋 6 万多平方米，新建安置房 1 栋，建筑面积 7492 平方米，增加绿地面积约 1 公顷，完成村内河涌堤岸和滨水景观带建设，实现"三线下地、雨污分流"，完成立面整饰，村容村貌得到改善。一期安置房交房后，经济联社积极为裕安围整治改造一期安置房裕安华轩的安置户办理房屋不动产登记证，已办理一期安置房裕安华轩整体建筑的大确权，领取了整栋房屋的不动产登记证，现阶段正向广州市规划和自然资源局荔湾区分局申请办理各安置户各个套间的确权登记手续。

从 2017 年起，西塱经济联社全力推进裕安围二期复建房建设。经济联社按照广州市旧村改造政策和《广州市荔湾区关于实施〈广州市旧村庄更新实施办法〉的意见》的文件精神，依法依规开展相关的工作，于 2018 年 5 月 29 日完成股东代表就旧村改造意愿、改造方式、改造模式的表决，通过率96.63%。2018 年 8 月 26 日完成全体社员采用合作模式启动旧村全面改造意愿表决工作，通过率86.2%。裕安围二期安置房用地面积5170 平方米，规划拟建20 层小户型安置房住宅，建筑面积7000 平方米。至 2020 年底已办理了项目建设用地批准书，正积极与广州市规划和自然资源局荔湾区分局沟通，按照规划分局的最新规划要求标准，修改项目的设计方案。

下一步，西塱经济联社将继续努力推动西塱城中村改造实施进程，继续督促指导数据摸查、片区策划方案编制和合作企业选择等工作；继续密切衔接市政基础设施项目规划设计，积极主动和国土规划、住房和城乡建设等部门及地铁公司衔接，做好旧改和市政设施规划的科学衔接；全力推进裕安围二期复建房建设，争取 2021 年内取得突破性进展。

（二）健全老区民生供给保障，改善老区生态环境

为保障群众生活用电用水供给，为老区发展提供完备的基础设施服务，西塱经济联社做好辖区内水网、电网的保修检修工作，完成东西路工业区、观赏鱼基地的供水管网、大桥的线路调整，并新增裕安围村北约等 8 个台区供电设施，缓解供电压力，解决村民和工业用电难题，确保了经济联社物业出租户的收入。

西塱经济联社不断深化经济联社股份合作制改革，进一步规范经济联社领导班子成员报酬，进一步规范经济联社监事会（社务监督委员会）工作经费及其成员报酬。建立对股民子女教育奖励机制，党的十八大以来共奖励大专生 9 名、本科生 26 名、研究生1名，提高股民文化素质。

西塱经济联社切实提高退休股民医疗保障，积极办理"农转居"退休人员基本养老保险。从2014年7月1日起，股民退休金由200元提升到300元。经济联社合作医疗支出2014年313万元，2015年273万元，2016年307万元。医疗保障充分体现了经济联社大家庭的优势，缓解了患病家庭经济压力。城中村"农转居"人员社会保障的重点是养老保险，截至2019年12月底，共为7人办理死亡一次性待遇。居民医保参保人数521人，过渡性医保参保人数78人，使"农转居"的退休人员真正感受到社会主义大家庭的温暖。

西塱经济联社为打造"河清水美"的良好生态环境，配合区农水局、东漖街道办的河涌整治工作，重点开展了裕安涌和西塱涌黑臭河涌治理，对西塱涌及西塱支涌6米范围内的违法建筑进行拆除，累计拆除面积1.14亩；对裕安支涌边的13宗违法建筑和2宗大棚房进行拆除复耕，拆除面积1000平方米。为裕安围公园、花地河绿化公园铺设管网绿化喷淋系统，提升了老区及周边地区的环境质量。

结合2019年广州市创建第六届文明城市的机遇，西塱经济联社制定工作方案，分片包干，责任到人，重点清理辖区内卫生死角，铲除乱张贴，整治"六乱"（乱搭建、乱摆卖、乱停放、乱拉挂、乱堆挖、乱张贴）等，并利用宣传小册子、横幅等形式进行广泛宣传，使得创文工作家喻户晓。经济联社聘请保洁队每天对内街巷进行保洁，垃圾分类日产日清，坚持每月对下水道、大街小巷进行喷药、除"四害"等工作。西塱经济联社坚持12小时保洁制度，购置了大批垃圾桶，修建多个垃圾池，改善了周边环境；添置烟雾机、烟枪等专业消毒工具，消毒小组每月定期全面消毒喷杀，在新冠肺炎疫情常态化防控工作中有效地杜绝了病毒传播与内部疫情的发生。

葵蓬经济联社辖内有牛肚湾涌和西滘涌，随着外来人口的增加和城市的发展，两条河涌受到了不同程度的污染。近年来，葵蓬经济联社切实履行"河长制"，形成长效管理局面，铺设污水管道64619米，拆除沿岸违章建筑，按照"重点河涌一日一查，其他河涌一周一查"的工作要求，实现辖内河道全覆盖、设施全覆盖、内容全覆盖，牛肚湾涌和西滘涌得到有效治理，基本消除黑臭，较好地完成了生态环境部对广州黑臭水体的督察任务。

葵蓬经济联社向区政府和区生态环境局积极争取，获得葵蓬村域范围内雨污给排水整治工程专项投入资金9000多万元、牛肚湾项目资金1000多万元、西滘涌项目资金200多万元，污水排水工程的实施有效提升了老区村民的居住环境。同时，葵蓬经济联社积极响应上级要求，编制水改一户一表的名单并上报到街道及区政府。经与自来水公司密切沟通，水改项目成功在自来水公司受理并立项，且自来水改造的设计方案已通过审查。目前，已完成全村路网的总管支管铺设并通过检测和住户的新水表安装工作。葵蓬经济联社还积极探索切合实际的微型消防站建设模式，在西塱社区中心增设一座社区微型消防站，务求建设成"有人员、有器材、有战斗力"的重点单位微型消防站，实现辖区内预防火灾的目标。

（三）繁荣发展老区红色文化

西塱经济联社充分利用裕安围革命老区的红色资源打造"红色阵地"。2013年，升级改造西塱裕安围革命教育基地，把裕安围作为中心支点，整合周边具有地方特色的爱国主义教育基地，形成具有东漖品牌特色的红色教育阵地。

2012年，葵蓬经济联社将凤溪革命老区纪念馆改建为一栋三层综合馆，一楼是革命历史展馆及棋艺室，二楼是现代成果展馆、图书馆，三楼是多功能会议室、儿童成长室、办公室。2019 年，向上级部门争取资金 300 万元对凤溪革命老区广场进行微改造。2019 年 9 月 26 日，修葺后焕然一新的凤溪革命老区广场揭牌并投入使用。

（四）绘就老区未来产业发展蓝图

党的十八大以来，在茶滘街道党工委和办事处的正确领导和支持下，葵蓬经济联社根据荔湾区的总体发展规划，按照荔湾区委、区政府的方针部署，结合葵蓬经济联社的实际情况，以葵蓬地区经济增长为目标，以市场为导向，进一步转变发展观念，创新发展模式，提升发展质量，全面加强经济建设，不断加快联社发展。联社经济呈现出持续增长、结构优化、效益提高、民生改善的良好态势，各项加强及改进工作均取得了明显的成效。联社 2018 年全年总收入约 6700 万元，2019 年全年总收入约 7300 万元。

为进一步增加经济联社和股民经济收入，葵蓬经济联社利用花地河整治工程农村集体经济发展留用地指标加快建设商业大厦项目，积极促进经济联社经济增收。商业大厦项目位于葵蓬凤溪村西南面，用地面积 2378 平方米，建设一栋 7347.4 平方米的商业大厦，其中地上十层，地下一层，用途为办公。2019 年 11 月开始动工建设，现已完成框架结构封顶，待外墙装修和内部装修完工后即可投入使用。

党的十八大以来，西塱经济联社始终坚持"经济建设"这个核心，解放思想，充分调动一切积极因素投入生产当中。2019 年，西塱经济联社总收入 6487 万元，其中物业和工业用地租金及管理费约 3725 万元，土地租金收入约 471 万元，总利润 2969 万元。

西塱经济联社注重培育引导辖区经济发展，以西塱物业为核心，提升发展现代服务业、高端商贸业。西塱经济联社在荔胜广场南塔 62 套共 9000 多平方米的置换物业已完成"三资"交易系统登记，为集体收入增加 1200 万元。德安楼是西塱经济联社辖内非登记的公益性骨灰楼，2016 年，西塱经济联社结合实际对其进行升级改造，新建建筑面积 440 万平方米，采用先进的 IC（集成电路）技术，方便群众自助祭拜。2019 年，西塱经济联社又协助德安楼对德满楼 3 楼利通殿骨灰格位进行升级改造，原有约 2200 个格位升级改造为 4764 个智能骨灰格位，为西塱经济联社实现销售收入 2770 万元。

下一步，西塱经济联社将继续盘活现有经济载体，协助西塱经济联社元邦地产裙楼物业招商。同时，经济联社领导班子将深入辖区内企业了解情况，加强对辖区内企业的管理和服务，坚持密切联系企业，积极及时地向企业宣传政策法规，提供办事程序的咨询，配合辖区内新开办企业办理相关证照等手续，为辖区内商贸和现代服务业企业营造优质的市场营商环境。

在产业升级培育新的经济增长点方面，西塱经济联社将联合北京首创集团合力建设广州信创智芯园项目，打造"以 IC 设计为引领，人工智能、网络安全、工业互联网等数字产业为主导，现代服务业为支撑"业态复合、活力开放、绿色生态的城市科创园区。园区将立足于通信 AI（人工智能）、传感器芯片设计与智能模组、智能终端制造，结合工业互联网系统集成、人工智能算法应用和网络安全服务，培育并壮大荔湾区智慧商贸、工业设计与新型电商产业的发展。项目落成后重点着力实现重大产业项目导入，同时打造信创产业服务平台，中后期将重点借助资本和园区品牌影响力，吸引产业资源落地，构建荔湾区科技创新产业生态圈。预计园区投入运营十年后营收规模将达 100 亿元，缴纳税收 10 亿元，带动就业人口 3.5 万人。西塱经济联社将巩固招商成果，在东漖街道和荔湾区委、区政府的领导下，积极完善项目后续配套服务，努力将西塱广州信创智芯园建设成为荔湾区、广州市科技应用创新标杆和智能制造重要引擎，形成老区、街道乃至荔湾区新的经济增长源动力。

老城市新活力　　新征程再出彩

2018 年 10 月 24 日，习近平总书记到广州考察调研时亲临荔湾区永庆坊和粤剧艺术博物馆，要求广州要实现老城市、新活力，实现"四个出新出彩"。荔湾人民牢记习近平总书记的嘱托，通过实施大招商大建设大发展，在全面建设社会主义伟大征程中不断积累腾飞动能。

一、坚持以人民为中心，荔湾全面决胜小康社会

荔湾区委、区政府秉承发展为了人民、发展依靠人民、发展成果由人民共享的"以人民为中心"发展理念，不断满足人民对美好生活的向往。

（一）聚焦经济建设，荔湾发展迈上新台阶

"十三五"（2016—2020）规划实施以来，面对错综复杂的国际环境和新常态下的国内经济形势，荔湾区全面贯彻新发展理念，始终坚持稳中求进的工作总基调，统筹推进稳增长、促改革、调结构、惠民生、防风险，确保全区经济总体平稳发展，全面建成小康社会目标如期实现。"十三五"时期，荔湾区经济发展总体平稳，2016—2019 年生产总值年均增长 5.3%，2019 年达 1104.49 亿元。经济发展动力不断增强，2016—2019 年固定资产投资额累计完成 1203.62 亿元，已达到"十三五"时期投资规模的 91.5%；社会消费品零售总额年均增长 9.3%，2019 年达到

687.49 亿元。经济结构持续优化，三大产业结构比例由 2015 年的 0.5：21.6：77.9 调整为 2019 年的 0.4：25：74.6，以总部经济、高端商贸、医药健康、文化旅游、新一代信息技术产业等为主导的现代产业体系加快形成。创新驱动成效显著，2016—2019 年专利申请量和授权量累计分别达 33357 件、10537 件，2019 年全区高新技术企业数达 286 家，各类工程中心、技术中心 80 家，新三板广州服务基地投入运营，初步形成了海龙广佛高质量发展科创示范区、大坦沙国际健康生态岛、广州国际医药港等发展平台和载体。招商引资成效显著，2016—2019 年新洽谈入库项目数 217 个，签约项目 44 个，项目落地 47 个，协议投资总额 398.55 亿元，成功引进粤港澳中药产业研究院、阿里云创新中心等创新项目，全区上下逐步形成大招商格局。

（二）聚焦人民福祉，荔湾城市面貌日新月异

荔湾区委、区政府聚焦人民福祉，锚定民生幸福指数，不断推进城市建设，荔湾城市面貌日新月异，城区布局不断优化。初步形成白鹅潭沿江总部经济带、岭南文化中心核心区和海龙广佛高质量发展科创示范区"一带两区"发展新格局。空间规划持续完善，完成新隆沙—陆居路片区、沙洛片区等重要节点的控规调整及城市设计，完成首批新型产业用地（M0）控规修改，新增 300 公顷建设用地规模。城区大建设全面铺开，"三旧"改造逐渐提速，大坦沙整岛改造步入快车道，"外联、内畅、片区活"的交通网络体系逐步形成。芳村大道南快捷化改造完工通车，城市精细化品质化治理水平不断提升。城市更新改造进度加快，推进了 83 个老旧小区微改造项目、20 个旧村改造项目、33 个旧厂改造项目。广钢新城、岭南 V 谷项目加快推进，茶滘村、东漖村旧村改造顺利实施，在全市率先开展"百梯万人"旧楼宇加装电梯工作。完成了龙溪大道东延线、芳村大道南快捷化改造工程、白鹤沙地块近期道路建设工程等一批道路建设工程以及龙溪立交大中修工程、五丫口大桥大中修工程等桥梁大中修工程。全线开工建设地下轨道交通 8 号线、11 号线、13 号线，互联互通功能不断增强。环境保护和生态建设扎实推进，全面落实河长制、湖长制，开展排水单元达标攻坚行动，严格执行污染源日常环境监管双随机抽查制度。积极开展乡村绿化美化项目，全面铺开生活垃圾分类，城乡生活垃圾无害化处理率达 100%，成功创建 11 个市级容貌示范社区和 4 条市容环境卫生责任区示范街，大力实施"厕所革命"，市容市貌得到明显改善。

（三）聚焦传承活化，推进岭南文化产业发展

千年商业文化带来荔湾的繁荣，也孕育出曲艺、饮食、工艺、民俗、中医药等西关特色传统文化资源，其中以粤剧粤曲为代表的非物质文化遗产是岭南文化的重要表现形式，是以人为本的活态文化遗产。依托非遗平台活化利用好这些传统文化资源，提升传统文化底蕴、促进经济发展，是荔湾按照习近平总书记嘱托做好岭南文化传承保护、发扬创新工作的战略性举措。荔湾有非遗项目 38 项、非遗传承人 65 名，数量规模均位居全市第一。近年来，荔湾大力实施非遗创新发展战略，积极挖掘和扶持具有地方特色的非遗项目，打造非遗特色文化品牌。深化创建以粤剧粤曲为核心的国家级文化生态保护实验区，持续提升广州非遗街区的规模效应、经济产出和社会影响力，推动粤剧粤曲、"三雕一彩一绣"等岭南文化精粹创造性转化、创新性发展。扩大"食在广州、味在西关"影响力，鼓励打造现代美食街区和精品名店。深入挖掘海丝文化等历史资源，讲好"一带一路"历史节点上的荔湾故事。扩大以禅宗文化、黄大仙文化为代表的荔湾宗教文化影响力，做好华林寺、黄大仙祠等宗教场所的优化提升工作。传承壮大"西关正骨"等中医药文化，打造西关中医药非遗街区。

2018 年 10 月，习近平总书记亲临荔湾考察调研，作出"注重文明传承、文化延续，让城市留下记忆，让人们记住乡愁"和"要把粤剧传承好发扬好"的重要指示批示。近年来，荔湾区始终牢记习近平总书记的谆谆教诲，以保护、传承、弘扬、活化、繁荣优秀岭南文化为主线，持续推动传统文化与现代文化融合发展，不断增强优秀岭南文化承载力、辐射力、国际影响力，以"一江两岸"为纽带，着力挖掘维护岭南文化资源，培育构建现代文化产业和服务交流体系，加快打造岭南文化传承展示中心、岭南文化创新发展中心、岭南文化国际交流中心"三大中心"，全力推进岭南文化核心区建设，为广州实现老城市新活力、"四个出新出彩"提供强大软实力支持。

荔湾以岭南传统文化赋予荔湾商贸业鲜明特色，促进文商旅融合发展，推动文化产业发展壮大。文商旅融合将岭南文化价值嵌入关联产业研发、设计、营销环节，提高产业创新能力，进而形成经济增长力。全区拥有省、市级创意产业园 6 家，形成珠江黄金西岸创意产业带、荔湾北路设计港等多处产业集群。未来荔湾文旅产业将结合珠西城市群文旅业态结构需求和港澳文旅产业互补拓展机遇，着力培育发展动漫游戏、数字影音、网络文化等新兴文化业态，以及时尚高端演出、艺术市场等高端文旅消费业态，构建以新兴业态为引领的现代文化产业体系，助力荔湾走出一条高附加值的文化创意、商贸、旅游多产业融合发展之路。

经过多年的奋斗，荔湾区打造"湾区门户、广州名片、产业高地、现代商都"各项工作取得较大进展，"一带两区"发展平台进入开发建设关键期，作为千年商都发祥地的产业基础优势进一步巩固，作为岭南文化中心地的文化底蕴优势进一步增强，作为广佛同城桥头堡的区位优势进一步凸显，科教文卫体等公共服务资源优势进一步优化升级，中心城区、"一江两岸"的产业空间优势逐步释放，生活成本合理的后发优势逐步显现，在全国构建新发展格局、全省构建"一核一带一区"发展格局、全市实现老城市新活力的进程中，荔湾将作出自己的贡献。

二、围绕"老城市新活力"，开启新征程

2019 年，荔湾区人均生产总值达到 2 万美元，理论上已开始向中等发达国家水平迈进。但事实上，从产业结构、创新能力、环境保护、社会治理等方面看，荔湾区尚处于"工业社会"向"后工业社会"过渡的交叉阶段，现阶段发展仍存在着不平衡不充分问题。一是经济总量仍然偏低，产业转型升级任务艰巨，促进经济增长的新旧动能转换动力不强。二是城区环境面貌有待提升，交通综合网络体系互联互通水平不高，城区环境南北差距明显，城市更新改造任务重、难度大。三是民生服务供给压力大，政府公共服务资源分布不均衡，优质的教育、就业、医疗卫生等公共服务存在覆盖盲点和供给缺口。四是基层社会治理能力有待进一步提升，共建共治共享的社会治理格局需要进一步强化和巩固。五是岭南文化中心核心区建设任重道远，岭南文化的传承保护和活化利用需要继续创新思维、扩大影响，提升文化软实力。六是区域融合发展的劲头不明显，与邻近其他区域的区域合作有待深化，广佛同城化带来的区域发展优势尚未充分发挥，粤港澳大湾区各城市、各城区间的竞争也对荔湾的发展造成一定冲击。

基于以上现实判断，"十四五"时期荔湾区仍将处于经济增长的换挡期、结构调整的阵痛期、改革创新的攻坚期、新兴产业及新业态发展的成长期与城市空间整合、区域一体化的加速期。结合"十三五"时期荔湾区经济社会发展的总体情况、区域定位与发展趋势，荔湾区将紧扣"老城市新活力"目标，深入贯彻执行大招商、大建设、大发展战略，全面提升综合城市功能承载力，

对接融入粤港澳大湾区，努力打造广佛全域高质量发展融合点。

（一）抓好大招商，着力构建更具竞争力的现代产业体系

荔湾的产业布局坚持"主导产业突出，多元产业融合"的原则，按照"6＋5"整体定位、分区域集聚发展的思路，着力发展医药健康、互联网商贸、文旅创意、智能制造、轻科创、现代金融六大主导产业，带动五大专业市场转型升级，打造茶叶、珠宝、花卉、水产、中药材等价值中心。在现代产业发展的基础上以新带旧，推动新技术，新要素在五大价值中心的应用，促进荔湾传统优势产业与金融、文旅、健康深度融合。同时为其他产业交叉融合发展提供良好环境。在荔湾北片依托西关历史城区发展文旅创意产业和轻科创；在南片由东向西依托白鹅潭地区发展医药健康产业、现代金融业，辅以文旅和互联网商贸两大特色产业依托海龙广佛高质量发展科创示范区发展新商贸产业。

立足区位优势和产业基础，荔湾以新技术、新产业、新业态、新模式为导向，持续开展"大招商"，做大做强支柱产业，培育壮大新产业新业态，坚持以产业高端化与高质量发展引领带动传统优势产业转型升级，构建更具竞争力的现代产业体系。

随着荔湾区经济发展内生动力的增强、招商工作机制的健全，成立负责招商工作的专业机构迫在眉睫。2019 年 3 月 10 日，荔湾区商务和投资促进局正式挂牌成立。招商职能部门的成立，旨在进一步强化商务和招商的职能及作用，加大荔湾区商务和招商工作的统筹协调力度，也是荔湾高度重视营商环境的体现。"水深则鱼悦，城强则贾兴"，2019 年以来，荔湾区在打造市场化、法治化、国际化、便利化的营商环境方面坚持求真务实，下足"绣花"功夫，招商引资体制持续优化，稳商暖企氛围不断筑基夯实。2019 年，荔湾新洽谈入库项目 120 个，共签约项目 30 个（其中 100 亿元以上项目 1 个），签约协议投资总额 249.7 亿元，实现落地项目 24 个（其中 100 亿元以上项目 1 个），在招商引资方面取得切实成效。接下来荔湾将继续优化营商环境，多管齐下抓好抓实招商引资工作，以重大项目为抓手，为全区经济发展持续提供源源动力。

第一，加大招商投入。不断加大政策优惠、机构合作、渠道拓展等方面的招商投入。完善招商政策优惠，对符合我区产业发展导向的优质企业，实施"一企一策"，在市场准入、财政奖励、用地保障、研发创新、金融支持等方面适当给予倾斜。强化与专业机构合作，利用行业协会、中介等专业机构的市场优势，实施中介招商、委托招商等新兴招商模式，优化招商资源配置，建立招商奖励机制，调动机构积极性。加大渠道拓展力度，积极组织和参加各类交易会、展览会和产业合作交流活动，大力推介荔湾优势特点，开展以商招商、主题招商、展会招商、网络招商以及产业链招商等多种形式的招商。充分利用境外商会机构和广州海外招商点与工作站宣传推介荔湾，拓展海外招商渠道。

第二，突出精准招商。立足荔湾区优势产业，以做强主导产业、壮大新兴产业为目标，实施精准招商。瞄准世界 500 强及分支机构、中国企业 500 强、中国民营企业 500 强、大型国企等企业，开展靶向招商，鼓励来荔湾设立总部或分支机构，做大做优总部经济。大力引进高端商贸、医药健康、先进制造等领域的企业，做强主导产业。聚焦文化旅游、现代金融、新一代信息技术、现代都市工业等新兴领域，精准引进"单项冠军""隐形冠军""独角兽""瞪羚企业"类企业，强化发展新动能。强化产业载体对接，围绕产业园区发展定位和重点企业，大力开展产业链关键环节招商和行业领军企业招商，鼓励龙头企业引进战略合作伙伴，推动产业链向上下游延伸，做好重点产业"建链补链强链"，助推经济高质量发展。

第三，完善招商服务。建立招商服务标准，实行项目落户领导干部责任制，指定具体项目负责人进行点对点服务，对重大项目提供信息收集、招商推介、接洽谈判以及后期的跟踪督查、服务协调等"一包到底"的全程服务，以最大力度促进项目落户。建立健全"区投资促进工作领导小组"及工作议事规则，统筹全区招商引资和项目议事决策。加强暖企稳企，落实支持企业发展25条和首席服务官制度，突出重点企业要素保障，完善企业发展全周期服务。

（二）强化大建设，加快形成生态优美的产城融合区

坚持绿水青山就是金山银山发展理念，以进一步提高宜居宜业宜游水平为目的，着力完善交通通信等基础设施，扎实推进城市更新改造，全面加强环境保护和生态建设，努力把荔湾建设成交通顺畅、环境优美的产城融合区。

1. 积极打造广州西部交通枢纽

着力构建"外联、内畅、片区活"道路交通格局。"外联"，即打通对外联系通道，完善区域高快速路网入城衔接通道，加强与市域骨架道路衔接，推进广佛两地对接通道，完成康王路下穿流花湖隧道、如意坊隧道、如意大道等项目建设。"内畅"，即构建骨架路网，完善区内主次干道建设，提高路网密度，打通断头路，完成东漖大桥改造、沙洛路等项目建设。"片区活"，即织密片区路网，努力实现片区道路微循环灵活畅通，支撑荔湾区"一带两区"及核心交通枢纽的建设，完成白鹤沙地块及龙溪大道地块配套市政工程、广钢新城一期市政道路建设工程三个组团等项目建设，抓紧开展白鹅潭、海龙、东沙等片区规划路建设研究工作。推动智能交通建设，积极布局无人驾驶，建设无人驾驶示范道路。

不断完善轨道交通网络。配合完成轨道交通8号线、10号线、11 号线、13 号线、22 号线征拆工作，超前谋划轨道交通 25 号线、28 号线等线路站点，推动轨道交通线网与佛山轨道交通 5 号线、11 号线等线路对接。建设轨道交通 TOD 站点，促进空间布局和功能提升。争取广州南站至广州站联络线、广佛江珠城际在荔湾设站，并与轨道交通相连接，形成高铁站综合体、城际站综合体，在综合体处设置公交首末站、公交临时停靠站、出租车临时停车区、自行车设施、换乘停车场，提升广州西部交通枢纽对粤港澳大湾区的服务能力与效率。

2. 着力实施城市更新改造

加强片区策划和详细规划编制的引领力度，发挥统筹作用。支持土地整合，优化空间布局，加快推进留用地开发利用和指标兑现，鼓励城市更新和土地收储相结合。全面加快城中村更新改造，以"一联社一策"方式，引导经济联社将集体经济发展规划、集体发展融入更新改造方案，实现有机衔接，全面提升集体物业质量，积极培育区域经济新动能，加大产业金融、新兴数字经济、高端医疗健康和文化创意产业导入力度，引导传统优势产业转型升级，促进产业经济高质量发展。积极探索将城市更新全面改造项目与老旧小区微改造项目有机结合，促进整体提升。积极推广"共同缔造"模式，共享改造成果。公开、公平、公正引入合作企业，建立健全监管机制。灵活分期分片，加快改造拆迁，精简审批手续，加速项目建设，做好批后监管，保障项目落地。

加快推进旧城改造，推进彩虹街周门片区、南源街源溪片区、冲口街杏花片区等项目实施，挖潜提升现有城市空间利用率和美化率；做好全区旧楼宇加装电梯工作，探索加装电梯后的规范管护和安全管理模式。积极推进旧村改造，推进西郊村、河沙村、坦尾村、茶滘村、东漖村、鹤洞村、花地村等旧村的改造工作，加快促进城乡一体化发展。着力推进旧厂改造，推进广钢岭南 V

谷智能科技园、广钢总部地块、广船地块、广州文化产业创新创业孵化园、广船鹤园小区、广州港东洛围码头、中山七路中烟二厂等项目的改造工作。

3. 积极推进基础设施建设

加强人工智能、工业互联网、物联网等新型基础设施建设，鼓励重点工业园区建设新一代网络通信基础设施。加快建设5G基站，实现5G信号连续覆盖。进一步规划建设智慧灯杆，融合5G基站等智慧应用。推进试点建设5G智能众创孵化空间，打造众创空间2.0模式。加快推动工业互联网二级节点建设，持续挖掘应用场景。配置创新型生产性服务设施，重点完善支撑产业发展的综合管廊、消防站、新能源汽车充电桩等市政基础设施。完善水电气基础设施，推动旧楼宇二次供水水管改造工作，稳步推进排水单元达标创建；继续实施"暖光工程"，解决部分城中村及老城区供电不足问题；完成燃气管道化改造目标任务，加快城中村管道燃气发展进度。

4. 全面加强环境保护和生态建设

深入推进水环境综合整治，杜绝超标排污现象，防止污水未经处理直排河涌行为，强化广佛跨界河流荔湾水域水环境质量监测，保障水环境安全。开展大气污染综合整治，加强工业锅炉监督检查，推进扬尘污染精细化管理，启动雾炮车移动降尘，在线监控建筑施工工地，提升空气环境质量。加强固体废物和土壤污染防治，深入开展垃圾分类工作，完善厨余垃圾、低值可回收物和有害垃圾回收体系，提高生活垃圾分类减量率和资源利用率；加强对严控废物的监督管理，落实全过程监控，实现危险废物（含医疗废物）处理处置率达100%。全面提升园林绿化水平，重点推进广钢公园建设、东沙片区的环境景观建设、城市出入口景观综合整治等，高标准完成碧道建设任务。

（三）谋划大发展，五位一体推动荔湾经济社会高质量发展

2020 年 12 月 18 日，中国共产党广州市荔湾区第十二届委员会十三次会议，通过了《中共广州市荔湾区委关于制定荔湾区国民经济和社会发展第十四个五年规划和二〇三五年远景目标的建议》，提出了荔湾的近期和远期目标。

1．深化改革，创新发展

深刻践行"四个出新出彩"，探索综合城市功能改革创新先行先试。推动重点领域和关键环节改革取得新突破，构建稳定、公平、透明、可预期的市场、化法治化、国际化营商环境，促进各类要素便捷流动和优化配置。坚持创新驱动，提升"三大平台"发展层级，打造"产业高地"。以岭南文化中心核心区、白鹅潭商务区和海龙广佛高质量发展科创示范区三大平台建设为依托，以增量带动存量，着力提升产业基础能力和产业链现代化水平。制定《荔湾区现代产业体系中长期规划（2020—2035）》，围绕产业链部署创新链，围绕创新链布局产业链，不断形成经济高质量发展新动能，扶持发展先进制造业。突出企业创新主体地位，分层分类培育和服务科技创新企业，打造一批具有核心竞争力的创新型企业集群。持续实施树标提质行动，支持高新技术企业挂牌上市。积极做好产业导入和培育工作，打造以总部经济、产业金融、数字经济、现代商贸、医药健康、文化旅游为主导，与中央商务区定位相一致的现代产业体系。

2．统筹兼顾，协调发展

突出荔湾岭南文化特色，推动传统与现代融合发展。荔湾是广州"千年商都"的发祥地，在保持商圈活力的基础上，逐步使产业体系向战略性新兴产业转型升级。花卉、茶叶、水产等一批专业市场将从批发产品向网上直播带货、展览体验、艺术培训等新商贸模式转型提质，城市商贸氛围和市场环境也将随之向现代

高端、休闲体验、舒适多元的方向转化。正确处理好经济发展、文化保护城区建设、社会发展之间的关系，达到互相促进、相得益彰的效果。正确处理好南北片区协调发展问题，使老城区改造与新城区拓展取得动态平衡。深化"一带两区"建设，高标准打造"千年商都 RBD（休闲商务区）"。白鹅潭商务区三年内将实施 106 个产业地块的土地整备和开发，海龙广佛高质量发展科创示范区 11 个产业地块以及岭南 V 谷、西塱等工业园区将导入科技服务和数字经济龙头企业，聚龙湾、花地湾等 12 个产业组团联动发展。全区 20 个城中村改造将复建村集体物业约 860 万平方米，为产业集聚腾挪出大片空间。

3. 生态优先，绿色发展

促进生态环境优化，打造美丽荔湾。坚持秉承"绿水青山就是金山银山"的绿色发展理念，坚持节约资源和保护环境的基本国策，实行严格的生态环境保护制度和节约集约用地制度，着力推进绿色发展、低碳发展、循环发展，形成可持续发展新模式。持续发挥治水、治污、拆违的利器作用，优化花地河 8.7 千米滨水绿化景观，打造大坦沙环岛休闲景观带，努力让辖内 35 条河涌实现水清岸绿、鱼翔浅底，让人居环境变得更舒适美丽，高标准打造"岭南生活 CLD（中央居住区）"。另外，实施老旧小区微改造和老街区三线整治，依然是荔湾未来几年的工作重点，结合推进 6 个片区混合改造试点和 18 个旧厂改造的成效，将赋予社区更加多样性的服务功能。在城市精细化品质化治理上，荔湾将继续发挥"令行禁止、有呼必应"综合指挥调度平台作用，呼应联动解决社区和群众诉求，努力让街区面貌变得更干净整洁，结合不断完善的都市城市生活体系和人文、生态的生活配套，让老百姓住得安心、过得舒心，提升获得感、幸福感、安全感。

4. 强化合作，开放发展

荔湾地处广佛都市圈核心区，是广州对接珠西城市群的枢纽门户、广佛融合发展的重要引擎，荔湾将以更广视野、更大力度、更实举措推动全面开放，配合广州市完成"1+4"广佛高质量发展融合试验区规划，启动先导区建设，紧紧围绕"中央要求、湾区所向、港澳所需、荔湾所能"，在着眼释放"双区驱动"效应、发挥广深"双城联动"作用中体现荔湾担当。发挥荔湾作为广州对接珠西城市群枢纽门户的区位优势，以白鹅潭沿江总部经济带为主轴打造"广州西翼CBD（中央商务区）"，引导商务及公共功能向滨江优质空间集聚，同步推进大坦沙国际中心、广船央企总部集聚区等重点平台载体的规划、设计和建设工作，形成广佛融合发展的重要引擎。统筹推进对内合作与对外开放，全面融入国家"一带一路"倡议，创造对外开放新优势。构建内外联动、合作共赢的城市合作发展新格局，促进世界级城市群和国际一流湾区建设。荔湾将对标国际化城市的高水准，推进白鹅潭国际金融中心、广州幸福中心、大坦沙国际中心、广船央企总部集聚区等重点平台载体的规划、设计和建设工作，引导高层建筑形态在珠江天际线竖起城市新地标，引导商务及公共功能向滨江优质空间集聚，形成现代产业元素的虹吸效应。

5. 以人为本，共享发展

坚持以人民为中心，突出民生优先，以满足人民对美好生活的向往为根本落脚点，持续优化社会保障和改善民生水平，打造"幸福荔湾"。加大优质公共产品和服务供给，不断促进社会公平正义，让人民群众的获得感成色更足、幸福感更可持续、安全感更有保障。坚持尽力而为、量力而行，认真办好十件民生实事，不断增进民生福祉，做好困难群众和弱势群体兜底保障。发挥"社工＋志愿者"联动效应，推动社工服务拓展至家庭、企业、慈善、扶贫等各领域。发展社区"嵌入式"养老机构，提升服务质量，发展银发产业，增强老年人幸福感。按"五有"（有机构、有编制、有人员、有经费、有保障）要求深化退役军人服务保障体系建设，不断提升广大退役军人和优抚对象的荣誉感、获得感和幸福感。

三、开启新征程，夺取新胜利

目前，荔湾在高标准打造广州西翼 CBD、千年商都 RBD、岭南生活 CLD，推动"一带两区"建设取得显著成效。下一步，荔湾将在推动城区面貌发生显著变化，推动居民生活品质得到显著提高，加快建设产创联动示范区、城市治理创新区、岭南文化核心区、产城融合先行区，奋力建设国际大都市现代化中心城区方面继续奋发作为，以实现老城市新活力、"四个出新出彩"引领带动各项工作全面出新出彩，在全省打造新发展格局战略支点和全市发挥重要支撑作用中走在前列，为全省实现总定位总目标和全市勇当排头兵作出贡献。

展望2035年，荔湾现代产业体系将更具竞争力，门户枢纽功能将更加强大，城区环境面貌将更加现代化，文化荔湾将更具魅力活力，人民生活将更加幸福美好，荔湾整体经济实力、科技实力、综合竞争力将大幅增强，全区地区生产总值和居民人均收入迈上新的大台阶，初步建成具有示范带动意义的国际大都市现代化中心城区，在基本实现社会主义现代化征程中走在全国前列。

党的十九大提出，到2035年基本实现社会主义现代化。习近平总书记赋予广东在全面建设社会主义现代化国家新征程中走在全国前列、创造新的辉煌的总定位总目标。广州提出要在广东实现总定位总目标中当好排头兵，更好支撑全省全方位、全过程、高水平、高站位走在全国前列。荔湾将作为广州高质量发展的重要支撑点、核心功能区，在全市发展大局中脱颖而出，成为重要增长极，助力全省顺利实现总定位总目标。

新的时代，新的征程，新的机遇与新的挑战，荔湾全体党员干部肩负着荔湾人民期望，只争朝夕、不负韶华，为建设社会主义现代化新老区，为荔湾在建设大湾区、建设社会主义现代化国家的新使命新征程中争得发展先机，为老区和荔湾人民生活更加幸福、未来更加美好，为夺取全面建设社会主义现代化国家新胜利而砥砺前行。

附　录

附录一

大事记（1919—1949）

1919 年

11 月 11 日—12 月 4 日　杨匏安在《广东中华新报》（社址在今荔湾区光复中路一带）连载《马克思主义（一称科学的社会主义)》，系统阐述马克思的唯物史观、阶级斗争学说和剩余价值理论。

1920 年

10 月　谭平山、谭植棠等在今荔湾区光复中路创办广东群报社。

1921 年

1 月 22 日　陈独秀应阮啸仙之邀到位于西村增埗的广东省立第一甲种工业学校演讲。

3 月　陈独秀、谭平山、谭植棠等组建广州共产党早期组织，以《广东群报》为机关报。

6 月　协同和机器厂工人参加罢工，要求资方改善工人待遇。

1924 年

7—8 月　沙面工人大罢工，反对英国租界当局颁布的"新警例"。

8 月 17 日　广州市郊一区农民协会成立。

1925 年

6 月 23 日　广三铁路工人参加沙基大游行，抗议英帝国主义的侵略行为。

7 月　省港罢工工人纠察队成立，在谢家祠接受培训。

冬　中共大涌口支部成立，李佩堪任书记，协同和机器厂成为芳村地区最早建立党组织的机器工厂。

1926 年

4 月 21 日　广三铁路总工会成立，会址设在石围塘火车站。

1927 年

1 月 2—3 日　在国民党右派支持下，广东机器工会纠集反动武装袭击广三铁路总工会和工人宿舍，打死铁路工人 10 人，打伤 10 多人。广州工人代表会发表声明抗议，要求政府严惩凶手。

4 月　周恩来夫人邓颖超因难产身体虚弱，在长寿路 192 号一家医院休养。"四一五"反革命政变发生后，中共广州地区党组织及医务人员王德馨及时帮助邓颖超转移至上海。党在芳村华侨黎演萱（《广州市革命烈士英名录》作黎阮仙）的花园设广州市郊农民和工人的联络站。农民特派员黄谦、农讲所军事教官赵自选、省农会候补执行委员原基和市农会罗亨等经常在芳村、花地、聚龙村等地工作。

11 月　八和会馆在梯云路馆旁创立粤剧学校"粤剧养成所"，有罗品超等 70 多名少年学员参加。

是月　党在芳村凤溪杨汉围建立秘密兵工厂，由黄谦组织领导，地下农会掩护，在杨汉围搭起四间茅寮，茅寮内挖地洞。

12月11日　凌晨，广州起义枪声打响后，芳村农民自卫军在凤溪头集结，与原基带领的南海农军在北丫会师，经五眼桥沿铁路线直扑石围塘，经过激烈战斗，占领石围塘火车站。

是日　省立一中梁祖贻、宋维静、宋维真、黎晓沧、黎三林等数十人参加广州起义。

12日　由赵自选带领市郊一区农军精壮者30人（以裕安围农军为主）渡江进入广州到达公安局。午间，黄谦带领市郊三区农军100多人，从石围塘分散乘小艇渡江，在西场、如意坊等地登陆，进入广州参加战斗。广州起义失败后，芳村农军撤出广州。农军杨巨、杨种在黄岐河面被杀害，杨标在白沙河被杀。

是日　《红旗日报》借用《七十二行商报》社址（今光复中路）出版第一号四开单张报25万份。因广州起义失败，第二号未及印刷。

1928 年

2月12日　以西关大观桥广发印务店为掩护的中共广州市委机关被破坏，7人被捕。

2月14日　石井鹅坦村农会主席、中共党员郭锐在芳村黎阮仙果园开会时被捕，3月在广州东较场被杀害。石井农民自卫军队长、中共党员林成佑同日在芳村开会时被捕，次日在东较场被杀害。

2月20日　黄谦在香港参加中共广东省委常委秘密会议。会议临闭会时，突然被警察包围，邓中夏、罗登贤、王强亚、黄谦四人被捕。后邓中夏、罗登贤等获释。6月11日，黄谦被移交回广州，16日被杀害。

3月　石井上步乡农民协会文书杨励盘在花地黎阮仙果园开

会时被捕，于广州东较场就义。

6 月　中共广州市委设立 8 个区委，王果强任西区党委书记。

11 月 17 日　裕安围被国民党军队包围，由于叛徒出卖，陈锦生、叶佳、梁添、陈巨成、陈秋成、郭珠、梁坚（梁灿坚）、梁耀、原南等 9 名共产党员被捕。

12 月 26 日　陈锦生、叶佳等共产党员在东较场被杀害。

1929 年

1 月　西区党委被国民党反动派破坏，区委书记王果强被捕。

1931 年

9 月 26 日　为抗议日本侵占东北三省，全市报界组织"抗日救亡大会"，并在广州市长寿东路报界公会举行宣誓大会。会后列队游行。

1936 年

1 月 13 日　广州学生举行抗日示威游行。行进至荔桥时，遭国民党派出的特务、流氓袭击。100 多人被打伤，10 多名学生被绑走。

是年　中共广雅中学支部秘密重建。

1937 年

7 月 12 日　广州八和粤剧协会义演筹款，慰劳二十九路军将士。

7 月 15 日　中大、广雅、市一中等校爱国师生发出通电，声援卢沟桥中国驻军抗战。

9 月 18 日　中共领导的抗日文艺宣传队伍广州儿童剧团，在广州第五十四小学成立，团员130多人。

9月22—27日 日军飞机多次空袭广州，黄沙车站落弹3枚，中山大学落弹16枚，造成重大财产损失和人员伤亡。

12月30日 日军飞机在广州西北郊用机枪向地面扫射，并向西村美华中学和协和女子师范学校连续投弹10余枚。

1938 年

1月1日 《救亡日报》在广州市长寿东路50号复刊。社长郭沫若，总编辑夏衍。

4月17日 下午4时许，日军飞机掠过芳村白鹤洞上空时，用机枪扫射，打死新爵乡1名妇女。芳村还有1人被日军飞机开机枪击中头部受重伤。

5月5日 八路军参谋长叶剑英在临时迁至顺德的广雅中学作题为《把握住抗战胜利的基本条件》的演讲，推动抗日救亡运动。

5月29日至6月11日，位于广州西村坭城的广州市新电力厂六次遭到日军飞机的毁灭性轰炸。

6月5日 日军炸毁韬美医院及一德路中华救护队总队部，该队总队长吴泽民、大队长林俭、分队长梁云星等均受重伤。

6月7日 日军飞机轰炸西村增埗的广州市新自来水厂，炸死工人6名，重伤3人，直接损失达20多万元港币。

6月8日 日军飞机50多架分批昼夜狂炸广州，美华中学、西村士敏土厂、西村电厂被炸，全市停电。

是日 日军在西村投弹20枚，死伤农民40余人，毁屋30余间；西关梯云西义恒街及黄沙一带，投弹4枚，死伤六七十人；河南和全后街落弹3枚，永乐里、福陆里落弹2枚，草芳及小港落弹5枚，死伤80余人，毁屋三四十间。

6月10日　日军飞机向小北黄华路、中华北路及西村投弹二三十枚，毁民房50余间，死伤平民170余人。

6月11日　日军飞机在西村投弹多枚，死伤乡民数人。

6月22日　日军飞机在市北郊外及逢源分局段内如意坊投弹10余枚。如意坊广安牛房、广丰糖厂、太平酒厂等商店被炸毁，40余间民房被毁，10余人被炸死，伤数十人。

8—9月　中共广东省委、广州市委在冼基举办党员训练班，党员50多名参加。

7月17日　日军飞机在广州市区黄沙梯霞西路、兼善大街、蓬莱路西约中街、西约下街、居安东街、如意坊及粤汉路南站，投弹炸毁民房90余间，码头、学校多所，市立第六十四小学亦被毁，死伤平民数十人。

7月25日　日军飞机在西村投弹26枚，毁民房20余间，死伤平民10余人。

8月15日　日军闯进广州市区上空投弹，黄沙站旁共落下炸弹10多枚，黄沙西约、西约北街、居安北街灾情较为严重，炸伤平民多人，毁塌民房甚多，市第六十四小学遭三度投弹轰炸后已全毁。

8月26日　日军飞机25架在黄沙投弹。黄沙被炸毁店户24间，居民10余人失踪，多人受伤。

9月　广州报贩因报馆老板提高报纸批发价而发动罢派斗争，中共广州市委派党员朱醒良到光复中路处理，罢派行动得到妥善解决。

10月21日　下午2时，日军机械化部队3000多人占领广州。

10月22日　吴勤在芳村地区组织成立抗日义勇队，队员有五六十人。

10月23日　侵粤日军主力侵入广州，大肆施放燃烧弹，十八甫、黄沙和文化公园一带民居和商店被烧成废墟，大新公司被毁。

是年　日军在原李占记钟表店老板住宅（今和平西路138号）一带驻宪兵西分队，并在此关押、杀害抗日爱国人士。

1939 年

3月22日　日军在涌尾坊桥头枪杀一陈姓村民。

3月24日　日军在同安坊抓走番禺籍罗姓市民，污蔑其为歹徒，并将其暴打致死。

6月5日　中国空军轰炸广州西村等地的日军阵地。

7月　吴勤指挥600多名抗日俊杰同志社社员攻打驻广州市郊东漖和南海县盐步的伪军。

9月　俊杰抗日同志社芳村分社伏击三山、大石附近河面日军船只，毙伤和俘虏日军数十名，中有日军少尉山本正男，缴获日军汽艇两艘和器械一批。

12月　中共广游二支队直属队总支委员会（归中区特委领导）派黄友涯到南海县十三围和广州南郊及广（州）三（水）铁路一带开辟新区。在此之前，大革命时期的党员原基（凤溪村人）、李公侠〔赤岗村（今海南村）人〕恢复党籍，并发展原挺、杨润等一批新党员，芳村地区的党组织得以恢复。

冬　广游二支队小分队在东漖河击沉日军橡皮艇一艘，毙日军十余人。

1940 年

春　建立凤溪村党小组，组长杨润，组织委员原挺，宣传委员杨亨。同时组织地下民兵，有步枪6支。

4月　日本海军陆战队因占据协同和机器厂时，在夜间听到枪声,遂以附近是游击区为名,将杏花直街一带铺户 40 余间拆毁。

6 月 18 日 广游二支队游击小分队在芳村中市击毙两名日本士兵。

6 月 中共南(海)番(禺)区委成立,严尚民为书记。区委宣传委员黄友涯负责在广州市开展地下工作,曾在柔济医院(今广州医学院第三附属医院)等处建立联络据点。

10 月 由于禺南形势恶化,中共党员梁铁、黄友涯到裕安围以教师身份作掩护,从事抗日工作。

1941 年

9 月 地下党员陈新利用社会关系介绍林照明、何君侠、钟文钜等到洪门小学任教。洪门小学及其西关分校成为中共广州地下组织的一个主要活动据点。

12 月 8 日 日本向英国、美国宣战,广州日军占领沙面。

1942 年

4 月 20 日 西关市区内发生抗日人员投掷手榴弹袭击伪警事件,3 名伪警受伤。伪军警实行报复性拘捕,大批无辜平民被捕。

8 月 14 日 由于附近村村民告密,伪自警团团长唐贵派兵包围裕安围,黄友涯被捕。

8 月 26 日 经广游二支队党组织及裕安围人民多方营救,黄友涯获释。

1943 年

12 月 中共广东省临委书记梁广从香港潜入广州,在十三行开设华昌京果药材行作掩护,药材行一度成为广州党组织的秘密联络地点。

1944 年

9 月　郑鼎诺、肖佩芳、何婉莹、吴兴文等中共党员到万善小学（位于今芦荻西街内）任教，使该小学成为中共在广州开展地下活动的据点（沿用至解放战争时期）。

1945 年

春　党组织派丘子平到凤溪村进行革命活动，领导凤溪村党支部。

5 月 13 日　谢聪、谢达生、谢世康在执行任务时，被伪自警团的手枪队等包围，不幸被俘。谢达生在西滘渡头被杀害，谢聪、谢世康在平洲鬼揸渡头被害。

5 月　中共广州地下组织以东江纵队、珠江纵队名义，大规模散发抗日传单《告广州同胞书》。西关的光复路、上下九、宝华路等地也有大量传单。

是年　抗战胜利后，国立第二侨民师范学校由粤北迁至广州西村复课，市一中从内地迁回蓬莱路现址复课，市立师范学校从内地迁至西华路太保直街（今广州市第四中学）内复课。

1946 年

4 月 7 日　广雅中学发生驻军掷手榴弹及开枪击伤学生案件。

4 月 17 日　全市 30 所大、中学校学生 2 万多人为声援广雅学生及支持女师、侨二师、勤勤等校同学要求改善待遇，罢课一小时，并就此发出《告社会人士书》。

6 月 30 日　珠江纵队林锵云、谢斌、周伯明等领导人及战士共 89 人以东江纵队名义参加北撤。北撤后凤溪党支部转入地下，党组织派宋瑛、林绍义到赤岗小学以教师身份隐蔽活动。

1947 年

1 月 7 日　为抗议北平美军士兵暴行，全市学生 2000 多人举行反美示威游行，游行队伍冲破国民党军警在沙面桥头设置的军事障碍，向美国驻广州领事馆表示抗议。

是年　赤岗村党小组成立，书记林绍义，由南海县特派员杜路直接领导。

1948 年

1 月 16 日　为抗议港英当局强拆九龙城民房、打伤居民，广州市大、中学生及各社团游行示威。广州国民党当局拘捕“嫌疑分子”116 人（其中学生 36 人）。

7 月　中共盐（步）里（水）区临时工委成立，书记沈石林，宣传委员林绍义，组织委员杨润。

9 月　中共广州地下组织在广雅中学建立秘密印刷站，出版《广州文摘》，刊登党的文件和新华社电讯稿，宣传解放战争形势和中共方针政策。

12 月 15 日　侨二师学生在中共广州地下组织领导下，开展“断炊拍卖”斗争。

是年　国民党政府发行金圆券，货币急剧贬值。港币、美元直接在市内流通。兑换外币的非法钱庄（时人称“剃刀门楣”）在十三行等地大量涌现。

1949 年

5 月 14 日　为防范“真空”时期（国民党败兵撤退，而解放军未入城之际）散兵、土匪乘机抢劫，广州市钱银业公会率先在西荣巷、十三行一带成立街坊自卫队，并设木栅防守。

5 月　国民党政府宣布解散国立第二侨民师范学校。

是月　中共南（海）三（水）花（县）工委成立，撤销盐里区临工委，成立三河区工委，书记张荆略，宣传委员林绍义，组织委员杨润。赤岗成立党支部。

10 月 14 日　解放军四十三军一二八师三八二团围歼来不及渡河并负隅顽抗的国民党第五十军第一〇七师的 2000 余人，缴获 100 多辆军车。

10 月 21 日　中国人民解放军广州市军事管制委员会（简称"广州军管会"）派军代表接管芳村、崇文两个区公所。

11 月 15 日　芳村、崇文两区公所合并成立芳村区。

广州市荔湾区革命遗址总目录

重要历史事件和重要机构旧址

序号	名称	地 址	备注
1	广东群报社遗址	荔湾区光复中路 88 号	
2	谢家祠——广州市郊一区农会旧址	荔湾区中市南街 6 号谢家祠内	广州市文物保护单位
3	广三铁路总工会旧址	荔湾区石围塘街道山溪社区山村路石围塘工区一巷 12 号	
4	救亡日报社南迁广州旧址	荔湾区龙津街长寿东路 333 号	
5	中共广东省临时委员会活动旧址	荔湾区文昌北路耀华东街 49 号	

重要历史事件发生地和人物活动纪念地

序号	名称	地 址	备注
1	协同和机器厂——中共大涌口支部旧址	荔湾区芳村大道东 146 号	广州市文物保护单位
2	陈铁军、周文雍革命活动据点旧址	荔湾区和平中路荣华西街 17 号二楼	

（续表）

序号	名称	地　　址	备注
3	广州儿童剧团诞生地及团部旧址	荔湾区梯云东路 46 号	
4	广州地下党秘密活动据点旧址	荔湾区金花街光复北路芦狄西街 50 号	
5	广州沙面建筑群之苏联领事馆旧址	荔湾区沙面大街 68 号	全国重点文物保护单位
6	广雅书院旧址——《广州文摘》秘密油印站旧址	荔湾区广雅路 1 号广雅中学内	广东省文物保护单位
7	郭氏宗祠——中共赤岗党支部旧址	荔湾区中南街增南路香凝街 15 号	

纪念设施

序号	名称	地　　址	备注
1	沙基惨案纪念碑	荔湾区沿江西路与人民桥东人行桥脚小广场内	广州市文物保护单位
2	国立第二侨民师范学校纪念碑——"断炊拍卖"纪念碑	荔湾区西湾路大岗元北 4 号	
3	广州市荔湾区葵蓬凤溪革命老区旧址	荔湾区茶滘街葵蓬凤溪村内	
4	西塱裕安围革命老区纪念馆	荔湾区东漖街西塱裕安围村裕富街 1 号	

重要革命人物

阮啸仙

阮啸仙，广东河源人，是中国共产党早期 50 多位党员之一，广东青年运动的先驱，大革命时期与彭湃齐名的农民运动领袖。

阮啸仙 1898 年出生于广东河源县一个普通的农民家庭。1918 年在三江高等小学毕业后，20 岁的阮啸仙抱着"读书救国，救国读书"的思想，以河源第一名的成绩考入位于如今广州荔湾区西村增埗的广东省立第一甲种工业学校。在"红色甲工"，阮啸仙遇上了许多志同道合的伙伴：杨匏安、刘尔崧、周其鉴、张善铭、黄学增、周文雍，等等。

五四运动中，阮啸仙与周其鉴、刘尔崧等一批进步青年组建了广东中等以上学校学生联合会，领导甲工和其他学校学生，投入爱国运动。1919 年秋，阮啸仙加入了广州地区社会主义青年团，成为广东社会主义青年团的创始人和领导人。1921 年，加入了陈独秀、谭平山等人发起的广州共产党早期组织。

1922 年，从甲工毕业的阮啸仙，担任团广东区委书记，全力从事青年运动，正式走上职业革命家道路。受党组织的委派，阮啸仙和周其鉴、刘尔崧等人在广州创办了爱群通讯社，经常以记者身份深入工厂、学校和农村中以"采访新闻"的名义进行革命宣传，还以通讯社的名义发行《共产主义 ABC》等油印小册子，积极扩大马列主义在青年中的传播。

1923年6月，阮啸仙与刘尔崧等人一起在广州公开组织广东新学生社。阮啸仙担任该社执行委员会书记，经常为社刊撰写文章，揭露时弊。广东新学生社成立时，社员只有广州市内的100多人，不到一年时间就发展到五六千人，遍及广东、广西、福建等地，成为岭南地区青年运动的一股强大力量。

从1923年至1926年，阮啸仙主要从事农民运动，他的足迹遍及岭南岭北的广大农村。他组织农民协会、农民自卫军，发动农民跟地主斗争，使农民得到实在的利益。广东农村曾流行这样一首童谣："阮啸仙，阮啸仙，农民见了哈哈笑，地主见了哇哇叫！"

1924—1926年，阮啸仙与彭湃、毛泽东等共产党人，在广州共同创立、主办了农民运动讲习所（简称"农讲所"）。阮啸仙任中共中央农民运动委员会委员、国民党中央农民运动委员会委员、广东省农民协会执行委员会常务委员，还担任了一至六届教员及第三届的农讲所主任。学员们在农讲所学习的课程，包括农民运动、政治、军事等，同时进行军事化训练，并要到农村实践。很多学员后来成为农运的骨干力量，为中国革命作出了贡献。在长期领导农民运动的斗争中，阮啸仙撰写了《中国农民运动》，总结了大革命时期中共领导农民运动的政策和策略，得到了毛泽东的充分肯定。《中国农民运动》被列为第六届农讲所学员学习的必读教材之一。

大革命失败后，阮啸仙成为南京国民党中央通缉的共产党主要干部之一。1934年10月，中央红军主力长征后，担任中共赣南省委书记兼赣南军区政委的阮啸仙留在赣南坚持斗争。1935年3月，阮啸仙率领赣南党政机关向赣粤边方向突围，至江西信丰牛岭一带指挥战斗时，壮烈牺牲。"坚忍卓绝为吾人本色，奋斗牺牲是我辈精神。"正如阮啸仙在 1924 年写下的诗句一样，他短暂的一生都活跃在革命前线，彰显了共产党人为劳苦大众谋利益的壮志豪情和英雄本色。

周文雍

周文雍，1905 年生于广东开平。1919 年五四运动爆发不久，周文雍离开家乡考入广东省立第一甲种工业学校机械科。在甲工期间，周文雍结识阮啸仙、刘尔崧、周其鉴等人，在他们的影响下，思想觉悟提高很快。1923 年 5 月，加入中国社会主义青年团，同年被选为甲工学生会会长和团支部书记。1924 年，因领导师生反对学校当局组织"陆军团"和在刊物上发表文章揭露由反动政客操纵的广州市市长选举活动，触怒了校方。校方以"参加社会活动过多、旷课严重、无心向学"为理由，开除了周文雍的学籍。

周文雍离开甲工后，主要从事工人运动，并在新学生社负责青年团的工作。1925 年，周文雍加入中国共产党。省港大罢工时，周文雍被派到沙面洋务工会组织领导工作，一直坚持到罢工胜利结束为止。1926 年，周文雍回到新学生社负责团的工作，并被推选为中共广东区委工人运动委员会的领导成员，后任省委常委，成为广州工人运动领袖刘尔崧的得力助手。

1926 年夏，周文雍担任共青团广州地委书记。7 月，国民革命军誓师北伐时，周文雍把青年工人组织起来，成立担架队、运输队，在学生中成立宣传队、卫生队，与省港罢工工人一起，给北伐军以有力援助。

1927 年 4 月，蒋介石在上海发动四一二反革命政变之后，广东地区的反动派也发动了"四一五"反革命大屠杀。中共广东区委、省港罢工委员会、工会等领导机关均遭破坏，萧楚女、刘尔崧等共产党员不幸被捕或被杀害。周文雍也遭到通缉，但他置个人安危于度外，仍然机警地坚持战斗，并受党组织的委托，接替刘尔崧担任广州工人代表会主席。4 月 18 日，中共广东区委领导重建新的中共广州市委，指派周文雍担任市委组织部长兼工委书记，领导广州市各工会党支部工作。周文雍召集广州工人代表会所属工会的领导人举行会议，贯彻中共广东区委紧急会议精神，制订了对付敌人猖狂进攻的斗争方案；并以中共广东区委，团广东区委，省、市革命工会，省、市农协，省妇协，广东新学生社等组织的名义共同发表了《反抗国民党反动军阀残暴大屠杀的宣言》，提出了"打倒蒋介石和一切军阀"等革命口号。

在白色恐怖笼罩下，共产党和工会的工作由公开转入秘密。1927 年 8 月，周文雍奉命与中共广东区委妇女运动委员会委员陈铁军假扮夫妻，在荔湾西关拱日西路（今和平路）租了一所房子成立秘密机关。周文雍遵照党组织的指示，与其他同志一起，以原工人纠察队为骨干，把各工会自发组织的武装队伍秘密组织起来，建立和扩大了广州工人的地下武装，为即将到来的广州起义做准备。

11 月下旬，周文雍在广州工农兵代表会议上被选为"起义政纲起草委员会"委员，协助省委书记张太雷草拟起义政纲，并被任命为广州武装起义总指挥部革命军事委员会委员，兼任工人赤卫队总指挥。

12 月 11 日凌晨 3 时 30 分，在张太雷、叶挺、恽代英、叶剑英、杨殷、周文雍、聂荣臻、陈郁等领导下，广州工人和革命士兵发动了广州起义。通过流血战斗，广州苏维埃政府诞生了，周文雍任人民劳动委员。13 日，敌人大量增兵，向起义军疯狂进逼。周文雍带领一支赤卫队，奋勇死战，杀出一条血路，撤离广州。

　　广州起义失败后，革命组织遭到了严重的摧残和破坏，几乎全部陷入瘫痪状态。为了恢复广州的工作，省委决定派周文雍回到广州领导地下工作。1928 年 1 月，周文雍和陈铁军再次假扮夫妻在荔湾荣华西街 17 号秘密重建党组织。两人在白色恐怖笼罩下的广州全力寻找失散的革命同志，经过一段时间的努力，恢复了党的地下联络点。就在周文雍刚刚打开广州工作局面的时候，由于叛徒告密，他和陈铁军于 1928 年 1 月 27 日同时被捕。

　　在行刑前，敌人问周文雍有什么要求，他提出要和陈铁军照一张合影。铁窗下，周文雍缓步走到陈铁军的面前，二人大义凛然，拍下了临刑前的最后一张合影，作为给同志们的永别留念。1928 年 2 月 6 日，周文雍和陈铁军在红花岗（今广州起义烈士陵园）英勇就义。

　　为深入学习贯彻习近平总书记关于开展党史国史教育的重要讲话和重要指示批示精神，按照中央、省、市老区促进会关于编纂《全国革命老区县发展史》丛书的有关要求，荔湾区积极谋划、周密部署、有力推进，日前顺利完成《广州市荔湾区革命老区发展史》的编纂出版任务。

　　《广州市荔湾区革命老区发展史》是《全国革命老区县发展史丛书·广东卷》之一，主要展现荔湾在大革命时期和土地革命战争时期、抗日战争时期、解放战争时期、社会主义革命和建设时期、改革开放以来和迈进新时代以后不懈奋斗的生动画面，展示了荔湾革命老区经济、社会、文化和党组织建设的发展情况。

　　为保证编纂工作有序推进，区委成立了由区委书记刘晨辉任编委会主任，区委副书记、区长谭明鹤任执行主任，区委副书记黄德辉，区委常委、组织部部长黄洪飙，区委常委、区委办主任安建国任副主任的编纂委员会。编纂委员会先后多次组织相关单位负责同志召开工作推进会和座谈会，就本书的提纲撰写和资料收集完善工作加强沟通；并通过深入街道、社区（经济联社）实地调研，口述访谈，到有关博物馆、档案馆查阅资料等方式，进一步丰富核实有关革命老区的革命、建设和发展资料。同时，认真对照广东省老促会确定的规范要求，顺利完成书籍的初稿。在省、市老促会的审核把关和市委党史文献研究室的悉心指导下，顺利地完成了本书的送审稿。

　　本书共七个章节，其中第一、三、六章由区委党史研究室刘艳华编撰，第二、四、五章由区委组织部陈斯晗编撰，第七章由区委党史研究室刘艳华、区委组织部陈斯晗共同完成，附录由刘艳华、区档案馆（区地方志办）陈威编写。全书由何生平统稿。本书在编纂过程中，得到了区委办、区委宣传部、区委政法委、区发改局、区科工信局、区民政局、区农水局、区文广旅体局、区生态环境分局、区委党校、区档案馆（区地方志办）和茶滘街道党工委、东漖街道党工委等单位的鼎力支持，广东人民出版社的编辑为提高书稿质量做了大量工作。本书得以付梓，离不开所有领导和工作人员的共同努力，在此一并表示衷心感谢！

　　由于编者认识水平和能力有限，疏漏之处在所难免，敬请读者批评指正。

编者